野球ヒジ診療ハンドブック
―肘の診断から治療,検診まで―

● 編集企画
柏口新二・岡田知佐子
JCHO 東京新宿メディカルセンター整形外科

全日本病院出版会

◆執筆者一覧

●編集企画

柏口　新二	JCHO東京新宿メディカルセンター整形外科，部長 スポーツ・健康医学実践センターセンター長
岡田知佐子	JCHO東京新宿メディカルセンター整形外科，部長

●執筆者・執筆協力（執筆順・敬称略）

岡田知佐子	JCHO東京新宿メディカルセンター整形外科，部長
柏口　新二	JCHO東京新宿メディカルセンター整形外科，部長 スポーツ・健康医学実践センターセンター長
松浦　哲也	徳島大学大学院ヘルスバイオサイエンス研究部運動機能外科学（整形外科），准教授
木田　圭重	京丹後市立久美浜病院整形外科
石崎　一穂	JCHO東京新宿メディカルセンター中央検査室
森原　徹	京都府立府医科大学大学院医学研究科運動器機能再生外科学（整形外科），講師
伊藤　博敏	梶井町放射線診断科クリニック，所長
高松　晃	名古屋大学大学院医学系研究科整形外科学教室
米川　正悟	医療法人　和誠会　大脇病院整形外科
渡邊　幹彦	医療法人　和誠会　大脇病院整形外科
佐藤　和毅	慶應義塾大学医学部整形外科学教室，専任講師
森谷　浩治	財団法人　新潟手の外科研究所，研究部長
吉津　孝衛	財団法人　新潟手の外科研究所，会長

発刊に寄せて

　現役時代から沢山の野球教室に足を運ばせてもらっている．私にとって野球少年たちとの触れ合いは，何事にも変えがたい大切な時間の一つである．

　子どもたちが，青空のもとで野球というスポーツを本当に楽しそうにプレーしている姿は眩いほどにキラキラと輝いている．野球界にとってはまさに宝であり，未来であり，将来そのものである．

　しかし，野球教室に行くと肩や肘の障害に悩む子どもたちの姿も同時に目の当たりにすることになる．子どもたちを前に，「一度でも肩や肘に痛みを感じたことがある人はいるかな？」と，問いかけると，およそ半数の手が上がることに毎回驚かされている．

　この現実に直面し，いち早くから子どもたちを守る活動に尽力されている医師の方々には，野球界に携わる一人として，感謝の気持ちでいっぱいである．

　それらの先生方の手により，昨年の「よくわかる野球肘」に続き，「野球ヒジ診療ハンドブック―肘の診断から治療，検診まで―」が刊行された．

　「野球肘検診」がなぜ重要なのか．「離断性骨軟骨炎」の初期は自覚症状に乏しく，痛みを感じた段階で既に進行期に入っている．治る確率は，発見時が初期と進行期ではその後の運命を大きく左右するのだ．ならば，一人でも多くの子どもたちに「野球肘検診」を受けてほしい．本書は，このような「知ることで守ることができる」情報が凝縮されている．

　私はこの春，スポーツ医学を学ぶために50歳にして大学院の門をくぐった．僭越ながら様々な見識を得ることで少しでも子どもたちを救う一助となれば，と考えている．今回，編集に当たられた先生方にもご教授を賜りながら，少なからず得た経験を次の世代に生かすことで野球界への恩返しとなれば幸いである．

　すべての野球関係者にとって必須のバイブルとなる本書の編集，刊行に心から感謝したい．

　　　　　　　　　　　　　　　　　　　　　　　　　　　　工藤　公康

野球ヒジ診療ハンドブック
―肘の診断から治療，検診まで―

本書の使い方

　肘に痛みを抱える多くの野球選手を診てきた．夏の県大会決勝で涙ながらにマウンドを降りた高校生投手，痛みをこらえて投げ続けて，顔に手が届かなくなった小学生投手．ここまで悪くなる前に周りの大人は気付かなかったのか，どうして専門の医療機関を受診しなかったのか．二年前に出会っていたら完治できたのに，せめて一年早く来てほしかった．今でもこのような選手が後を絶たない．悲惨な事例を無くす目的で少年野球肘検診や高校野球検診が始まった．野球肘検診は全国各地に広がったが，その規模は県下全体に及ぶものからチーム単位のものまで様々である．また検診を行いたいが，スタッフの不足や具体的な方法がわからないためにスタートできない地域もある．全国ネットワークを作りこういった地域を支援しているが，その活動にも限界がある．これまでの経験や知識の情報集約を望む声に応えるために，各分野の専門家の先生のお力をお借りして「肘実践講座　よくわかる野球肘離断性骨軟骨炎」を昨年に刊行することができた．

　「よくわかる野球肘」シリーズはヒジの部位ごとの治療や研究の指針書で，歴史，考え方，医療哲学まで深く詳述されている．一方，本書は野球肘全体を浅く広く捉えた簡易版であるが，必要最低限の情報を網羅し凝縮した．日常診療や検診の場で卓上に置いたり，携帯したりして，手軽に利用して頂きたい．また本書は医師だけを対象としたものではない．理学療法士や作業療法士，看護師，鍼灸・柔道整復師，アスレティックトレーナーの方々，チームの指導者や保護者の方々にも活用して頂きたい．選手を外傷や障害から守るためには多くの大人が職種の垣根を越えて協力・連携する必要がある．使いやすいように解剖，診察の手順やポイント，障害の病態，対応方法について簡潔に述べた．さらに詳しく知りたい場合は「よくわかる野球肘」の関連ページを記したので参照して頂きたい．最初から順を追って読んでもよいし，手元に置いて「家庭の医学」や辞書のように知りたい箇所を拾い読みしてもよい．1人でも多くの選手を障害から救い，彼らが夢を実現できることが執筆者一同の願いである．

平成26年9月

柏口　新二

野球ヒジ診療ハンドブック―肘の診断から治療，検診まで―
目　次

I．はじめに
野球肘の捉え方と分類……………………………………………………… 2

II．肘の解剖
関節・靱帯・筋の構造と機能
　① 関節の構造と機能…………………………………………………… 10
　② 内側・外側の支持組織……………………………………………… 12
　③ 障害との関わりで注目すべき筋群………………………………… 15

III．投球障害肘の診察
１．肘の局所診察
　① 問診で何を聞き出すか……………………………………………… 18
　② 肘の理学所見の取り方……………………………………………… 20
　③ 画像検査の進め方…………………………………………………… 22
２．身体機能全般の診方
　肘以外の何処を診るか………………………………………………… 23
　　コラム：外傷と障害の違い ………………………………………… 25

IV．肘の内側の痛み―原因へのアプローチ―
１．内側上顆障害
　① 病態と画像検査……………………………………………………… 28
　② 病期…………………………………………………………………… 33
　③ 保存的対応　概念と具体的内容…………………………………… 35
２．内側支持機構障害
　① 年齢と障害されやすい部位………………………………………… 38
　② 内側上顆の裂離損傷………………………………………………… 41
　③ 尺骨鉤状結節の剥離損傷…………………………………………… 44
　④ 内側側副靱帯損傷…………………………………………………… 48
３．内側上顆および内側骨端複合体の骨端線障害……………………… 52
４．尺骨神経障害と胸郭出口症候群
　① 尺骨神経障害………………………………………………………… 55
　② 胸郭出口症候群……………………………………………………… 57

V. 離断性骨軟骨炎の病態と治療

1. 離断性骨軟骨炎の病態
   ① 病態について ……………………………………………… 60
   ② 病期について ……………………………………………… 63
   コラム：野球肘検診について　学童期の離断性骨軟骨炎に対する検診 ……… 67
2. 離断性骨軟骨炎の画像検査
   ① 単純X線とCT ……………………………………………… 72
   ② 超音波検査で何を診るか ………………………………… 77
   コラム：検診と健診，メディカルチェックとの違い ……… 89
   ③ MRIで何を診るか ………………………………………… 90
3. 離断性骨軟骨炎の治療
   ① 保存療法 …………………………………………………… 99
   ② 保存的対応での治癒過程 ………………………………… 102
   ③ 保存的対応の実際 ………………………………………… 106
   ④ 手術治療　術式の選択 …………………………………… 112
   ⑤ 障害パターンや病巣の大きさからみた治療選択 ……… 117

VI. 腕尺関節の障害

腕尺関節の骨軟骨障害と滑車の離断性骨軟骨炎 …………… 124

VII. 肘頭の過労性骨障害

1. 肘頭の疲労骨折 ……………………………………………… 128
2. 肘頭の骨端線障害 …………………………………………… 131
   コラム：上腕骨近位骨端線障害 ……………………… 135
3. 肘頭先端部の骨軟骨障害 …………………………………… 139
4. 肘頭の難治性疲労骨折 ……………………………………… 144

索　引 …………………………………………………………… 148
引用文献 ………………………………………………………… 150

第Ⅰ章
はじめに

I. はじめに

野球肘の捉え方と分類

1 「野球肘」は総称名です

　野球選手が肘の外傷や障害を起こせば「野球肘」ということになる．この「野球肘」という言葉は主に"投げる"という動作によって起こる肘の傷害を指しており，医学的により正確な表現をすれば「投球傷害肘」となる．野球選手が肘の痛みで医療機関を受診したときに，「野球肘です」といわれただけでは何の解決にもならず，その内容には様々な疾患・病態が含まれている．軽症のものもあれば，手術が必要なものもあり，生涯にわたって後遺症を残す重症のものまである．「野球肘」は総称名であり，学会や医学雑誌の特集テーマとして使うことはあっても，日常臨床で診断名や病名として使うのは不適切である．

ここが Point!

> 野球肘は診断名ではなく，総称名である

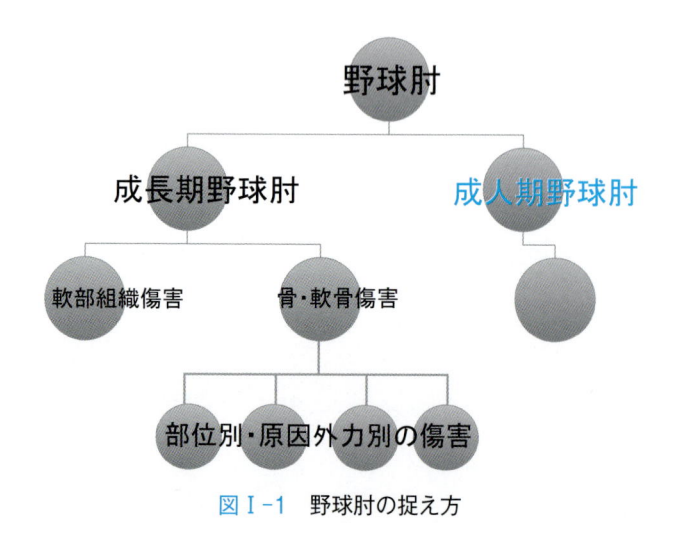

図 I-1　野球肘の捉え方

「野球肘」も分類の基準となる尺度や視点によって様々な分類方法がある．ここでは「野球肘」の病態を理解し適切な治療を行うために，①骨年齢，②外傷・障害を受ける組織，③関節の部位や位置，④原因となる外力（メカニカルストレス）の4つのポイントから分類した（図Ⅰ-1）．
　まず「野球肘」は骨年齢から成長期野球肘と成人期野球肘に分かれる．そして外傷や障害の起こる組織によって骨・軟骨傷害と軟部組織傷害に分かれる．さらに部位や加わる外力から細分する．このように整理すると数ある傷害を系統立てて理解することができる．

> **ここがPoint！**
> 野球肘は骨年齢，組織，関節の部位，加わる外力の4つの観点から分類する

2 基準となる4つの観点の意義

1．骨年齢
　骨化が完了するまで，筋骨格系における最脆弱部は骨端の成長軟骨である．骨化が完了すると骨は簡単には壊れず，筋肉，腱，靱帯といった軟部組織が最脆弱部になる．したがって野球肘の中でも成長期，特に12歳頃までの学童期では骨端の外傷や障害が中心となる．17歳前後からは筋，腱，靱帯，神経の障害が増えてくる．筋力の増加やオーバーユース，加齢変化も加わり，骨や軟骨といった硬組織の新たな障害も追加される．13歳から16歳頃までは移行期で両方の外傷や障害が混在する．このように成長期野球肘と成人期野球肘を別のものとして診断，対応する必要がある．

2．外傷・障害を受ける組織
　骨や軟骨といった硬組織と筋，腱，靱帯，神経といった軟部組織に分類する．上述したように骨化進行期には硬組織の中の骨端軟骨が傷害されやすく，骨化完了後は軟部組織が傷害されやすい．

3．関節の部位
　肘関節を外側，内側，前方，後方の4つの部位に分けて何処が傷害されているかをみる．これはあくまでも部位であって，型ではない．「外側型野球肘」という用語は国語として間違いで，「外側部障害」が正しい．

4．原因外力（メカニカルストレス）

牽引力，圧迫力，剪断力などの原因外力がどこに，いつ加わるかをみるものである．かつては単純に加速期には内側部に牽引力が加わるとされていたが，単純ではないことがわかってきた．内側側副靱帯前斜走線維（AOL）の尺骨付着部では wrap around 構造により牽引力を圧迫力に変えていることが明らかとなった．

1968年 Slocum が発表した分類は関節の部位と原因外力（メカニカルストレス）からつくられたもので，外傷・障害が起こるメカニズムを理解するのに役立つ（表Ⅰ-1）．

表Ⅰ-1　メカニズムによる分類

A. Medial tension overload injuries
 （内側の牽引力による外傷・障害）
 1）Musculotendinous involvement
 2）Bony involvement
 3）Ligamentous and capsular involvement
B. Lateral compression injuries
 （外側の圧迫・剪断力による外傷・障害）
C. Extension overload injuries
 （後方の圧迫・剪断力による外傷・障害）
D. Posterolateral rotatory instability
 （後外側の不安定性による外傷・障害）

（Slocum DB：Tex Med 64，1968 より引用改変）

図Ⅰ-1 のフローチャートに基づいて，骨年齢，組織，部位，外力という要素を考慮してつくった成長期と成人期の分類が表Ⅰ-2，3 である．

表Ⅰ-2　成長期の野球肘

・**骨軟骨の外傷・障害**
　・骨端の障害（osteochondrosis）
　　上腕骨内側上顆，小頭，滑車，橈骨頭，肘頭
　・骨端線の障害
　　上腕骨内側上顆，滑車，肘頭，小頭
　・裂離骨折や骨軟骨骨折
　　上腕骨内側上顆
・**軟部組織の外傷・障害**
　ダメージは受けているが障害が顕在化することは少ない

表Ⅰ-3　成人期の野球肘

- **軟部組織の外傷・障害**
  - 筋腱の障害（屈筋群，回内筋腱，上腕筋）
  - 内側支持機構障害（側副靱帯損傷を含む）
  - 外側側副靱帯損傷
  - 尺骨神経障害（胸郭出口症候群を含む）
  - 滑膜および滑膜ヒダ障害
- **骨軟骨の外傷・障害**
  - 発育期の遺残障害
  - 変形性関節症
  - 過労性骨軟骨障害（疲労骨折）
    （肘頭，肘頭窩，滑車障害，内側上顆）

3 成長期の肘関節の構造

1．骨端の骨化進行過程

　骨・関節の構造は大人と子どもでは違うということを理解する必要がある．子どもの骨は常に成長していて，その成長過程のどの時期にあるかによって起こる外傷・障害も変わる．図Ⅰ-2は各部位がどれくらい成長するか，そして子どもの骨の構造を示したものである．

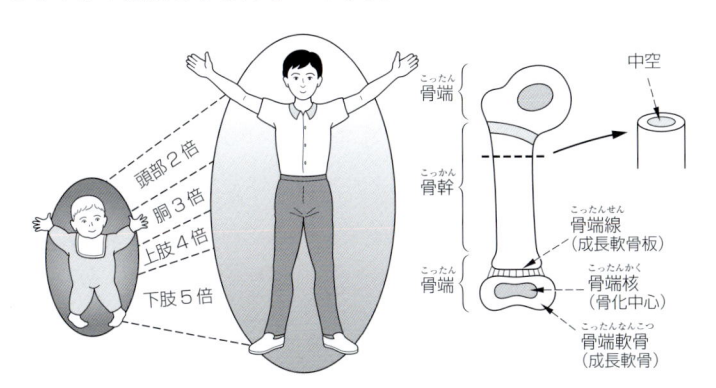

図Ⅰ-2　子どもの骨：骨端は骨の工場
（柏口新二：子どものスポーツ障害　こう防ぐ，こう治す．主婦と生活社，東京，2008より引用改変）

　大腿骨や上腕骨のような長い骨を長管骨といい，長管骨の両端を骨端，中央部分を骨幹と呼ぶ．成長期には骨幹と骨端の間に骨端線（成長軟骨板）があり，ここで長軸方向の成長が行われる．

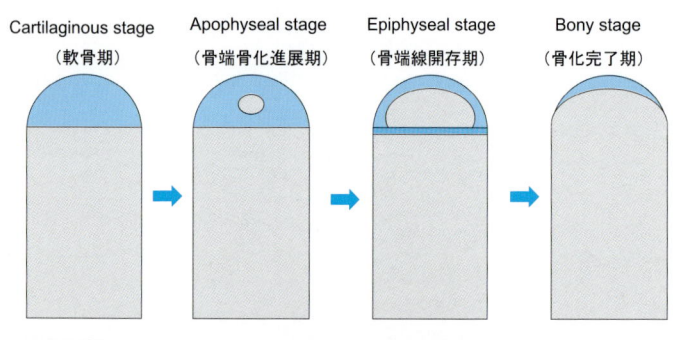

| Cartilaginous stage
（軟骨期） | Apophyseal stage
（骨端骨化進展期） | Epiphyseal stage
（骨端線開存期） | Bony stage
（骨化完了期） |

図Ⅰ-3　骨端の骨化進行過程

　図Ⅰ-3は骨端の骨化進行過程の模式図である．生まれたときは骨端全体が成長軟骨で，軟骨期と呼ばれる．その後，成長軟骨層の中に果物の種のように二次骨化中心が現れる．やがて骨化中心は風船が膨らむように大きくなり，軟骨は骨に置き換わっていく（骨端骨化進展期）．その後に成長軟骨層は骨端と骨幹の間の骨端線のみとなる（骨端線開存期）．さらに年齢が進むと骨端線も骨化して閉鎖する（骨化完了期）．

ここが **Point!**

骨端には4つの骨化段階がある

2．肘の骨端軟骨

　図Ⅰ-4は6か所の骨端の位置とそれぞれの骨化中心の出現時期と骨化完了（閉鎖）時期を示したものである．骨化過程のどの時期に障害が起きるかによって病態や予後が異なってくるので，骨化過程を知っておく必要がある．野球では外側上顆以外の5カ所の骨端に傷害がみられる．外側上顆の骨端は小頭の骨端と癒合して骨化が完了するので，小頭の離断性骨軟骨炎の予後に関わってくる．

―骨化中心の出現から閉鎖まで―

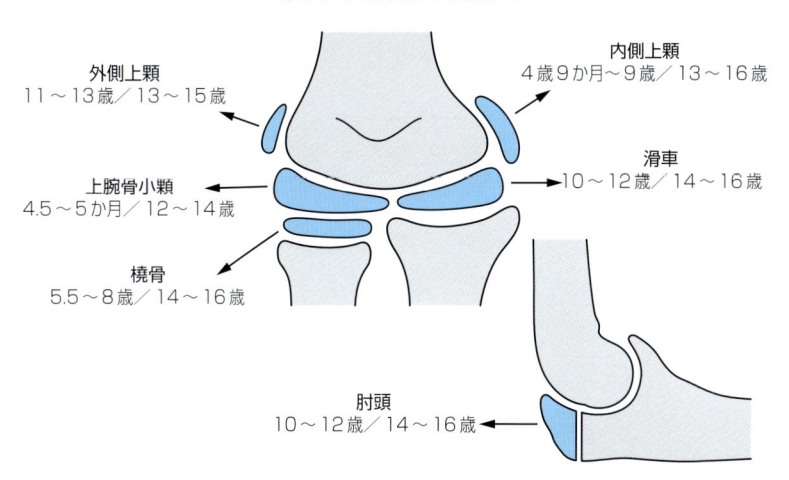

- 外側上顆　11〜13歳／13〜15歳
- 内側上顆　4歳9か月〜9歳／13〜16歳
- 上腕骨小頭　4.5〜5か月／12〜14歳
- 滑車　10〜12歳／14〜16歳
- 橈骨　5.5〜8歳／14〜16歳
- 肘頭　10〜12歳／14〜16歳

図Ⅰ-4　肘関節の骨化過程（骨化中心の出現から閉鎖まで）
（南　正夫：日整会誌3：74，1926より引用改変）

ここが **Point!**

肘には6つの骨端があり，
それぞれ骨化進行過程が違う

野球肘の捉え方と分類

第Ⅱ章
肘の解剖

II. 肘の解剖

関節・靱帯・筋の構造と機能

①関節の構造と機能

　肘は上腕骨，尺骨，橈骨の3つの骨が組み合わさってできており，腕尺関節，腕橈関節，橈尺関節からなる複合関節である．それぞれの関節は機能に応じた構造をしている．

1 腕尺関節の構造と機能

　上腕骨滑車(凸面)と尺骨滑車切痕(凹面)からなる蝶番関節である．屈曲と伸展の単軸の動きしかできない(図II-1)．

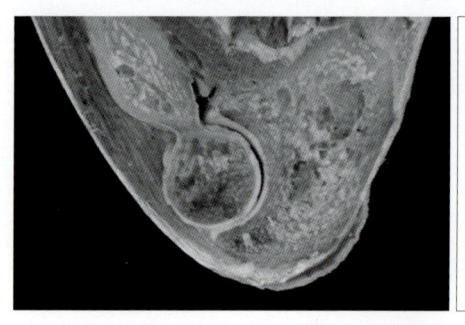

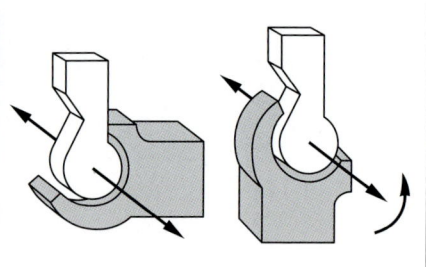

図II-1　腕尺関節の構造と機能
腕尺関節は蝶番関節
(右図出典：Rohen JW, Yokochi C : Color Atlas of Anatomy : A Photographic Study of the Human Body. Second Edition, p. 11, IGAKU-SHOIN, New York・Tokyo, 1988. より引用改変)

2 腕橈関節の構造と機能

　上腕骨小頭(球面)と橈骨頭(臼面)が組み合わさった多軸関節である．腕尺関節に比べてルースで，小頭の上を橈骨頭が滑るように動く(図II-2)．

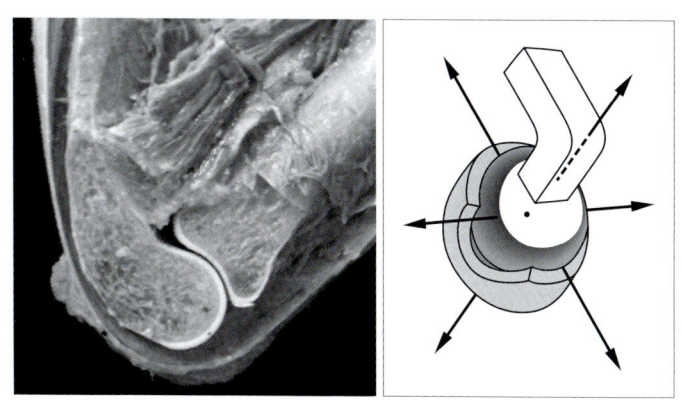

図Ⅱ-2　腕橈関節の構造と機能
腕橈関節は臼状関節
（右図出典：Rohen JW, Yokochi C：Color Atlas of Anatomy：A Photographic Study of the Human Body. Second Edition, p. 11, IGAKU-SHOIN, New York・Tokyo, 1988. より引用改変）

3 橈尺関節の構造と機能

　橈骨頭（車輪）と尺骨橈骨切痕（受け皿）からなるピボット関節で，回内・回外で回転運動と近位遠位へのピストン運動がある（図Ⅱ-3）．

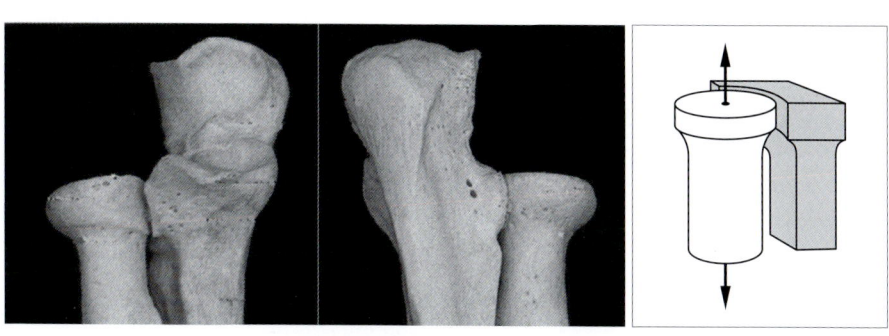

図Ⅱ-3　橈尺関節の構造と機能
橈尺関節はピボット関節
（右図出典：Rohen JW, Yokochi C：Color Atlas of Anatomy：A Photographic Study of the Human Body. Second Edition, p. 11, IGAKU-SHOIN, New York・Tokyo, 1988. より引用改変）

Ⅱ. 肘の解剖

関節・靱帯・筋の構造と機能

②内側・外側の支持組織

1 内側支持機構（図Ⅱ-4）

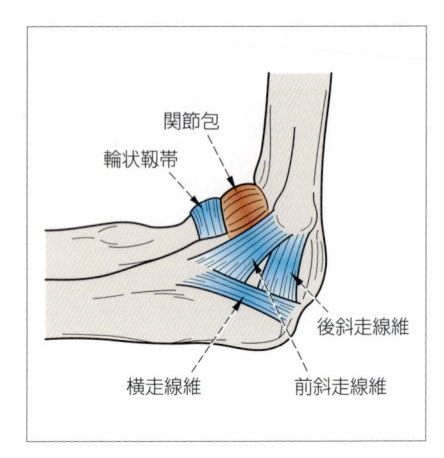

図Ⅱ-4　内側支持機構

内側支持機構は肘関節の内側に存在し，上腕骨と尺骨の間に存在する組織複合体で，内側側副靱帯（前斜走線維，後斜走線維，横走線維）と関節包からなる．

2 内側側副靱帯の実質および付着部の組織構造

線維層-非石灰化線維軟骨層-石灰化線維軟骨層-骨

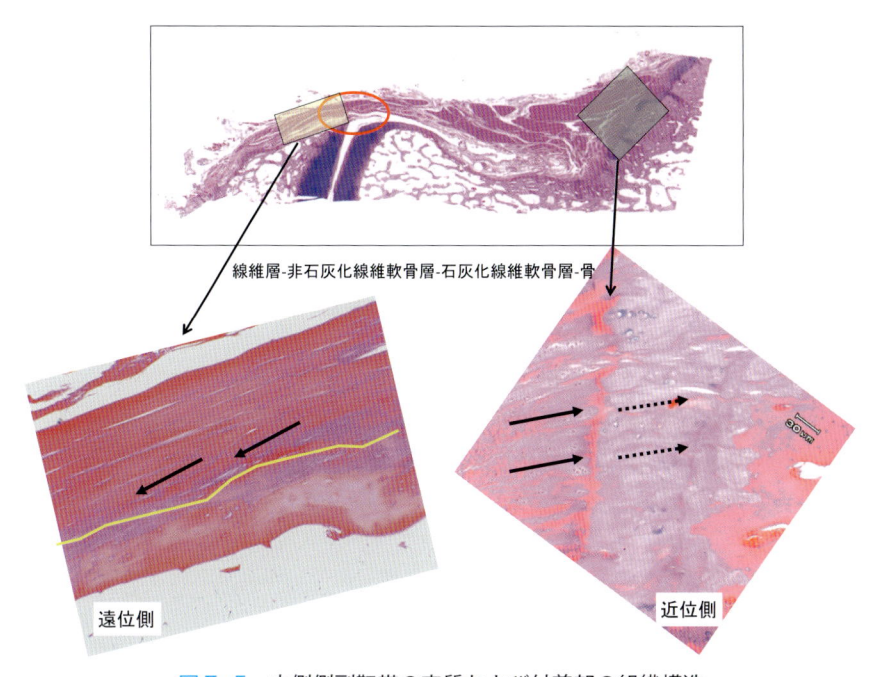

遠位側　　　　　　　　　　　　近位側

図Ⅱ-5　内側側副靱帯の実質および付着部の組織構造
（資料提供：奈良県立医科大学スポーツ医学講座　教授　熊井　司先生）

　内側側副靱帯の前斜走線維は近位では上腕骨内側上顆，遠位では尺骨鉤状結節に付着する．図Ⅱ-5はその状態を示したものである．近位側では靱帯の深層部は広く扇状に広がり，線維は非石灰化線維軟骨層と石灰化線維軟骨層を経て骨に強固に付着する．一方，遠位側では浅層と収束した深層が尺骨鉤状結節に張り付くように付着している．両者の付着形態は大きく異なる．これのために付着部での損傷形態も異なると考えられる．

　また腕尺関節内側に wrap around 構造（図Ⅱ-5 赤丸囲み）が存在し，遠位付着部にかかる牽引ストレスが圧迫ストレスとして分散されるようになっている．圧迫ストレスの加わる遠位靱帯実質部は変性・劣化が生じることになる．

3 外側支持機構(図Ⅱ-6)

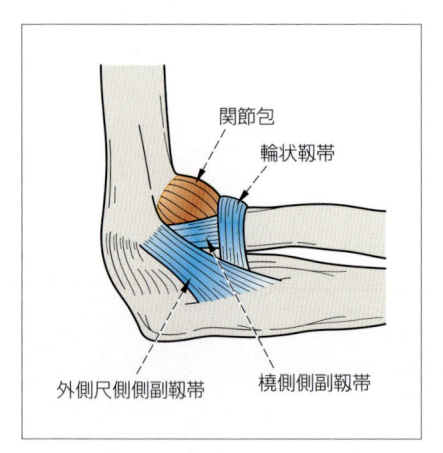

図Ⅱ-6 外側支持機構

　外側支持機構は肘関節の外側に存在し,上腕骨と尺骨,橈骨の間に存在する組織複合体で,外側側副靱帯(外側尺側側副靱帯と橈側側副靱帯),輪状靱帯,副靱帯からなる.

II．肘の解剖

関節・靱帯・筋の構造と機能

③障害との関わりで注目すべき筋群

1 屈筋・回内筋群

　前腕の尺側に存在する筋群で上腕骨内側上顆に付着する．この筋群は内側上顆の骨端線離開を生じる原因となることがある．この筋群は内側上顆の前面に付着するため，離開した骨片は前下方に転位する．

　また尺側手根屈筋は動的な内側支持機構の役割を果たす．内側側副靱帯への負担を軽減させるためにもこの筋を意識して使えることが重要である．

2 肘関節の stability muscle

　Stability muscle とは関節で回転運動が起こる時に支点を作る働きをする筋群のことである．腱板が肩関節の stability muscle であるように，肘筋，上腕三頭筋内側頭，上腕筋が肘関節の stability muscle である．投げ過ぎや悪い投球動作でこういった筋肉が過労に陥ると拘縮を起こし，屈曲や伸展制限を生じる．診察時に必ず圧痛の有無とトーヌス（筋の弾性度）を確認する必要がある．

第Ⅲ章

投球障害肘の診察

Ⅲ．投球障害肘の診察
1．肘の局所診察
①問診で何を聞き出すか

1 野球歴とポジション

　最初に聞いておくことは野球歴である．野球を始めてどれくらいか，ボールは軟式か硬式か．次いでポジションについて尋ねるが，小学生では1つに定まることが少ないので，「投手や捕手をしたことがありますか？」と質問するほうがよい．

2 痛みについての質問

- ●痛みが出るきっかけ
　「試合でたくさん投げた」，「遠投練習をした」など
- ●痛みの種類
　鈍痛なのか，刺すようなシャープな痛みか
　安静時，曲げ伸ばし，投球時だけ
　最大外旋時，ボールリリースしてから
- ●痛みの部位と考えられる障害

痛みの部位	考えられる外傷・障害
内側上顆の下端	内側上顆障害，内側上顆の裂離損傷
	内側側副靱帯損傷
内側上顆の前方	屈筋・回内筋群の障害
内側上顆の後方	内側上顆の骨端線離開
尺骨鉤状結節	内側側副靱帯遠位の付着部損傷
内側側副靱帯実質部	内側側副靱帯損傷
尺骨神経	尺骨神経障害，胸郭出口症候群
腕橈関節	離断性骨軟骨炎，滑膜ヒダ障害
肘頭先端	肘頭先端部骨軟骨障害

3 治療歴についての質問

- 専門医療機関か非専門医療機関か
- 診断は何だったか
- どういう対応を受けたか(ギプスやシーネ固定,装具など)
- どれくらいの期間休んだか
- 休んで痛みは軽減したか
- どういうふうに復帰したか(段階的に日数をかけて戻ったか)

4 スポーツ環境についての質問

- チーム内の立場(レギュラーか控えか)
- チームの指導方針
  　練習時間,休みの有無,指導者とのコミュニケーション
- 大会日程　など

5 生活環境についての質問

- 睡眠時間と就寝時間
- 食事の時間と内容
- 通学手段と時間

6 ヒトとしての成熟度や性格の評価

- 野球への本気度
- 人の話を聞き,理解できるか
- 性格(楽観的か悲観的か,粘着気質,飽きっぽい,など)
- 落ち着きがあるかどうか
- 立ち居振る舞い,坐位姿勢　など

III. 投球障害肘の診察
1. 肘の局所診察
②肘の理学所見の取り方

1 可動域の見方

　伸展・屈曲，回内・回外で可動域を調べる．絶対値より左右差に意味がある．特に伸展制限の有無を見る時は肘を検者の目線に置くことがポイントとなる（図III-1）．

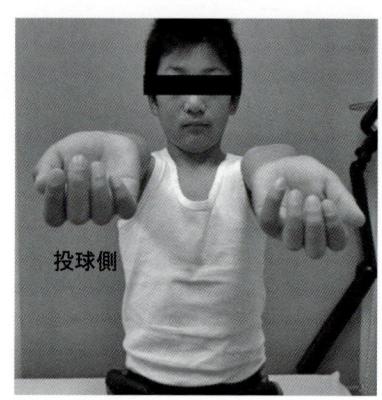

図III-1　肘伸展制限の見方

　また肩関節の拘縮の有無を調べる CAT（combined abduction test）や HFT（horizontal flexion test）は，内側障害の治療にも繋がることから小学6年生以上では必ず行う．肩の内旋制限と前腕の回内制限は連動していることが多く，高校生以上の投手では肘の回内・回外の可動域のチェックを忘れてはならない．

2 圧痛点の取り方

　ピンポイントで押さえることと，押さえる強さに注意する．迷った時は左右を比較する．押さえるポイントを図III-2 に示す．

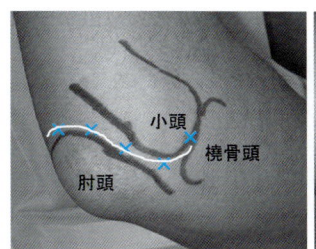

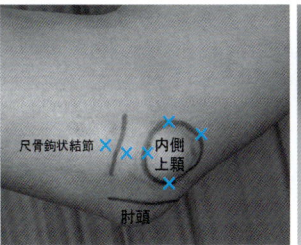

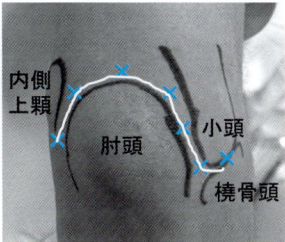

図Ⅲ-2　左から外側，内側，後方の圧痛点の位置

また肘以外の圧痛点，たとえば斜角筋と小胸筋，胸鎖乳突筋や肩甲挙筋の頭蓋骨付着部も重要で，肩甲骨の位置異常や胸椎の後弯増強により生じた胸郭出口症候群の診断も併せて行う．

3 ストレステスト

内反と外反ストレスがあるが，野球では外反ストレステストを疼痛と不安定性の評価として行う．最大外旋時テスト，milking test, moving valgus test などいずれの方法でもよい．大切な点は肘の屈曲角度を30°, 60°, 90°の3段階で評価することである．

4 筋萎縮と筋力

内側の障害を繰り返すと尺側の屈筋や回内筋が萎縮する．尺側手根屈筋は肘内側のダイナミック・スタビライザーの役割をするので，この筋の機能低下は問題となる．また小指と拇指の対立機能の低下もボールの保持ができなくなるのでチェックする必要がある．

ここが Point!

- 可動域は絶対値より左右差が大切
- 圧痛点は正確にみる

III. 投球障害肘の診察
1. 肘の局所診察
③画像検査の進め方

詳しくは各それぞれの部位で述べられているので，ここでは一般的な検査の進め方を述べる．

1 単純 X 線検査

骨を見るのであれば，X 線検査は欠かせない．ただ X 線写真に写っている像だけを見るのではなく，骨化途上や骨化していない部位を想像して読影することが重要である．また両側を比較して骨化過程を見たり，撮影方向を変えたりする工夫が必要である．

2 エコー検査

筋肉や靱帯，軟骨そして病変を起こした骨を見ることができる．エコーの長所は見たい断面をリアルタイムに，何日も予約を待たずに見えること，曲げ伸ばしや外反ストレスなどの動的評価ができることである．

3 3D-CT および MPR-CT

病巣の位置や拡がりを立体的に捉えることができる．離断性骨軟骨炎（OCD）の術前評価や保存的対応での治癒の判定には不可欠である．また滑車や滑車切痕，肘頭，肘頭窩の病巣の正確な評価にも不可欠となる．

4 MRI

その他の画像検査と違い，信号変化を見ていることを忘れてはならない．異常を敏感に捉えることはできるが，時に強調し過ぎたり，過小評価したりすることがある．近頃は MRI を濫用する傾向があり，単純 X 線像で十分にわかるものに適応する必要はない．

III. 投球障害肘の診察
2. 身体機能全般の診方
肘以外の何処を診るか

1 肘以外の何処を診るか

　障害が起こった原因が肘以外に存在することも少なくない．最も多いのが肩，詳しくは肩甲骨周囲筋の拘縮や筋力低下である．また肩甲骨と胸郭の位置関係が悪くなり，腕神経叢を圧迫して肘の尺骨神経領域に痛みを生じることがある．その他にも影響を及ぼす可能性がある部位を以下に列挙し，何を診るかを述べる．

2 立位姿勢の評価・修正

　立位姿勢を診るとは，すなわち体幹・骨盤の立位でのアライメントを見ること，修正することである．

1. 臀筋・ハムストリングの評価　柔軟性と筋力
　お尻を突き出し，腰椎前弯が過度に増強していることがある．
2. 股関節の可動域，筋力
　ステップ側の股関節外旋筋群の拘縮がみられる．軸足型の投手では軸足側の股関節外旋筋群の拘縮やステップ側の中臀筋の筋力低下に注意する．
3. 腹筋群
　体幹の回旋に重要な役割を果たす腹斜筋が弱いことが多い．

3 肩甲胸郭機能の評価・修正

1. 肩甲骨の位置と支持性
　肩甲骨周囲筋の拘縮と筋力低下があると，肩甲骨の追従機能が低下して腱板や関節唇を障害する．肘では外反が強調されて内側支持機構の破綻に繋がる．前鋸筋，僧帽筋上・中・下部線維，菱形筋，小胸筋も必ずチェックする．
2. 胸椎の可動性
　胸椎の後弯が強く，いわゆる猫背の状態になると肩関節の外旋位が取りにくくなる．その結果，無理に外旋することで肩や肘の内側に障害をつくる．
3. 肋間の可動性
　肋間の拘縮も胸部の働きや体幹の回旋制限の原因となる．

4 肩甲上腕関節の機能　腱板機能の評価・修正

1．広背筋，大・小円筋，棘下筋の拘縮により肩甲上腕関節の可動性が低下する．CAT（combined abduction test）やHFT（horizontal flexion test）で評価する．
2．肩甲下筋の筋力低下も生じやすい．

5 その他

1．前腕と手の評価

　肩関節で過度に外旋位になっていると前腕も回外位になり，上肢のアライメント異常をきたしていることがある．この状態で加速期にさらに回外強制すると減速期に回内できないことになる．このために肘頭が肘頭窩に強くインピンジされて肘頭障害を起こすことになる．

　また筋萎縮の項（第Ⅲ章．投球障害肘の診察　1．肘の局所診察　②肘の理学所見の取り方）で述べたように尺側手根屈筋の評価も大切である．小指と拇指の対立機能の低下もボールの保持ができなくなるのでチェックする必要がある．

2．足や足関節の評価

　踵骨外反や有痛性外脛骨，陳旧性足関節捻挫による脛腓関節離開なども下半身が不安定となり投球動作に影響する．テーピング固定やインソールでの対応が必要となる．

コラム

外傷と障害の違い

　「外傷」と「障害」，テレビや新聞でも正確に使い分けた報道が少なくなった．一見似たような言葉に聞こえるが，「外傷」と「障害」を間違えると話の辻褄が合わなくなり，時には疾患の治療に大きな影響を及ぼすことがある．

　「外傷」はわかりやすく言えば「ケガ」であり，1回の大きな外力によって起こるもの．転倒，転落，衝突，捻りなどの外力により起こる骨折，脱臼，靱帯損傷，肉離れ，腱の断裂などである．

　一方，「障害」はわかりやすく言えば「故障」である．1回の外力は小さく特別問題は起こさない程度のものであっても，繰り返し負荷が加わることにより，ついには組織の破綻を生ずるものである．成長期の骨端症，疲労骨折，腰痛症，その他さまざまな部位の痛みを伴う疾患がこれに相当する．使い過ぎ，間違った使い方，環境の不備（靴，スポーツ用具，グラウンドや床の問題など）が原因となる．外力だけが原因ではなく，先天的な素因を持っている場合もある．

　もちろん「外傷」と「障害」の区別がつきにくいものもある．慢性的な負荷により少しずつ組織の劣化や微小損傷が進んでいたところに，ある程度の大きさの外力が加わって決定的な破壊を起こすということもある．

　野球で例を挙げてみると，それまで何ともなかったのに1球投げたとたんに肘の内側に激痛が出て，投げられなくなった．これは「外傷」である．年齢によって損傷されやすい組織は異なるが，内側上顆の裂離損傷や裂離骨折，内側側副靱帯断裂などの外傷を起こしたものと思われる．一方，何十球も投げていると次第に肘が痛くなってくる，休むと痛みは軽くなるが再開すれば痛くなり，最終的に痛くて投げられなくなった，というのは「障害」である．

　「外傷」はアクシデント的な要素も多いため，やむを得ないこともあり，対応としては損傷された組織をしっかり修復することが必要となる（手術治療，一定期間の固定などの保存治療）．また予防的な対応としては環境要因として危険なものがあれば（例えば滑りやすい靴，床など）改善する，などが考えられる．

　一方，「障害」では損傷された組織をしっかり修復することはもちろん大切であるが，障害を起こすに至った原因，経過をよく検討し，その対策を講じ

ないと，同じようにスポーツを続けていれば，障害を繰り返すことになる．身体機能の改善が必要なのか，投球フォームなどの改善が必要なのか，練習方法の見直しが必要なのか等をよく検討する必要がある．世間一般はともかく，せめて医療の分野では「外傷」と「障害」という言葉を区別して使う必要があると思う．

ここがPoint!
スポーツ医学ではケガと故障は区別して対応する

第Ⅳ章

肘の内側の痛み
―原因へのアプローチ―

Ⅳ. 肘の内側の痛み―原因へのアプローチ―
1. 内側上顆障害

①病態と画像検査

1 単純X線　検査法と読影法のポイント

Check!
- ✓ 単純X線検査で捉えることができるのは骨化完了した骨
- ✓ 観察する部位に合わせて撮影方法を変える
- ✓ 両側撮影で僅かな違いを読影する
- ✓ 骨化過程の違いを両側および内・外側で比較する

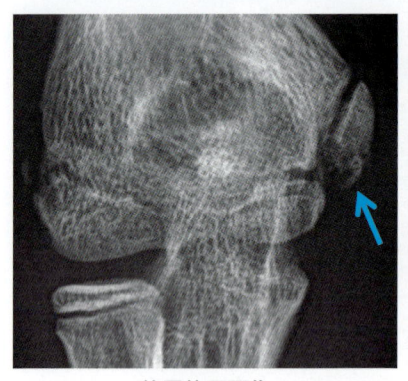

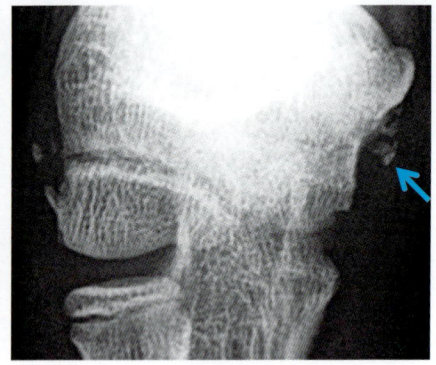

伸展位正面像　　　　　　　　　45°屈曲位正面像

図Ⅳ-1　撮影方法による内側上顆の見え方の違い

　伸展位正面像では内側上顆の病変部が連続したように見えるが，45°屈曲位正面像で見ると母床である内側上顆と離れているのがわかる（図Ⅳ-1）．

　一方，内側上顆の骨端線は伸展位正面像のほうがはっきりと捉えている．小頭の骨端線は45°屈曲位正面像がよい．

　さらに3次元上の位置関係を知るには3D-CTやMPR-CTがよい．CTで見ると分離した骨片は内側上顆の前下方に位置している．また内側上顆の骨端線が障害される時は後上方から開大する．投球側は非投球側より骨化進行が僅かに早い．同側の肘では内側と外側の骨化進行は連動する．内側骨端複合体（内側上顆＋滑車）と外側骨端複合体（外側上顆＋小頭）はほぼ同じ時期に骨化が完了する．内外側差が大きい場合は内外側の骨髄内血流の違いを示唆する．

> ここが **Point!**
>
> 内側上顆下端を見るなら45°屈曲位正面像,
> 骨端線を見るなら伸展位正面像

2 内側上顆の骨化進行過程

　図Ⅳ-2は村本の報告に4段階の骨化進行過程を当てはめたものである．内側上顆は6〜9歳で骨化中心が現れ，徐々に骨端軟骨の中で大きくなり，骨端線が形成されて，最後に骨端線が閉鎖して骨化が完了する．少年野球を始める10〜12歳の年齢は内側上顆の骨化がめまぐるしく進行する時期である．この年齢の肘の障害を診断するためには，正常の骨化進行過程を知っておく必要がある．

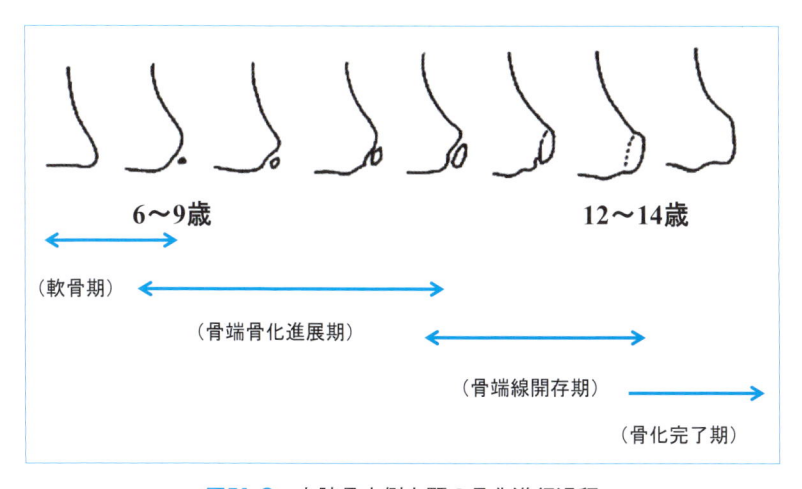

図Ⅳ-2　上腕骨内側上顆の骨化進行過程
(村本健一：肘関節部骨年令評価法. 日整会誌 38(10)：939〜950, 1965. より引用)

> ここが **Point!**
>
> 異常を診断するために正常の骨化進行過程を知る

3 牽引ストレスに対する合目的反応

図Ⅳ-3 は典型的な野球少年の内側上顆を経時的に観察したものである．投球時の痛みを訴えて受診した時は内側上顆下端に刷毛で掃いたような線状の骨陰影と透亮域を認めた．2 カ月の投球中止で痛みはなくなり野球に復帰した．3 カ月後の X 線像では透亮域が少し拡大したように見える．その後は痛みもなく野球を続けているが，1 年後の経過観察を希望して来院した．透亮域は縮小し，再び線状の骨陰影が見える．さらに 1 年 7 カ月後の受診時は線状の骨陰影はさらに太くなりメインの骨端核および滑車側に繋がりそうになっている．このような内側上顆の変化は一定レベル以上で野球をしている子のほとんど全てに観察される．病的と言えないこともないが，図Ⅳ-3 の症例の変化はむしろ牽引ストレスに対する合目的反応と解釈することもできる．投球側の上腕骨の骨皮質が厚くなるのと同じ反応と考えることができる．

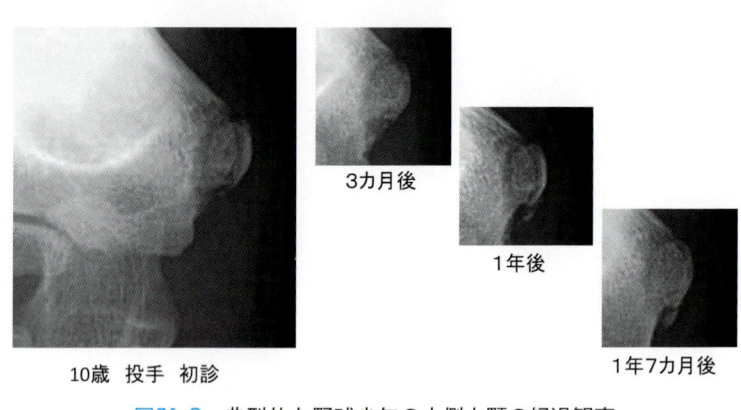

10歳 投手 初診　　3カ月後　　1年後　　1年7カ月後

図Ⅳ-3　典型的な野球少年の内側上顆の経過観察

ここが Point!
投球側の内側上顆の変化は合目的反応

4 X 線検査の限界

10～13 歳くらいの骨化進行期では内側上顆には骨化していない骨端軟骨が存在する．この骨端軟骨は単純 X 線検査では捉えることができない．この

ために単純X線像の読影を誤ってしまうことがある．

　図Ⅳ-4は投球時の肘痛を主訴に来院した10歳の野球少年の画像である．単純X線像では内側上顆下端に小さな骨片が見え，典型的な分節像(白矢印)である．これを高分解能MRIでみると，内側上顆から滑車までの骨端軟骨の中に大きな骨端核と小さな骨端核が並んで位置するのがわかる．ちょうどゼリーや寒天の中にサクランボや柿の種が浮かんでいるような状態である．寒天に相当する骨端軟骨は軟骨膜(青矢印)で覆われているのがわかる．写真の症例では軟骨膜は連続しており，「裂離」はしていない．2つの骨端核間の透亮部分はミクロレベルでの損傷による骨化障害と考えられる．

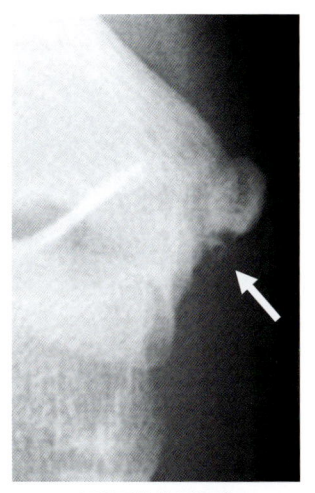

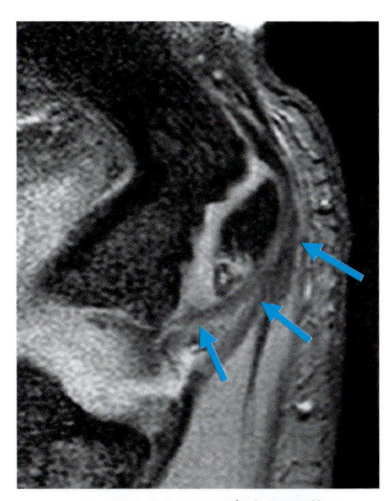

45°屈曲位正面像　　　　1.5T GRE T2*強調画像

図Ⅳ-4　単純X線像と高分解能MRIでみた内側上顆

ここがPoint!

裂離の有無は高分解能MRIで判断する

5 内側上顆の障害形態

　内側側副靱帯は内側上顆の下端に扇型に広く付着している．投球の加速期には内側支持機構に強い牽引ストレスが加わる．12, 13歳までの内側上顆は骨化進行の途上で，牽引ストレスに対する最脆弱部となる．ストレスが重積

される内側上顆下端では骨端軟骨の微小損傷が起こり，骨化が障害されて骨端核に透亮像が現れる．やがて修復機転が働いて透亮部に小さな骨化中心が現れ，骨端核が二分して見えるようになる．これがいわゆる「分離像」とか「分節像」といわれるもので，前述したように「裂離」ではない．この状態で無理をすると損傷はマクロレベルになり「裂離」となる．さらに癒合せずに偽関節になると，隔絶されてオッシクルとなる．また外力が強大であった場合は一気にマクロレベルの損傷を起こして骨端軟骨損傷(裂離)となる．この分離部が遷延治癒のために氷柱や棘のような変化(骨棘：traction spur)をきたすこともある(図Ⅳ-5).

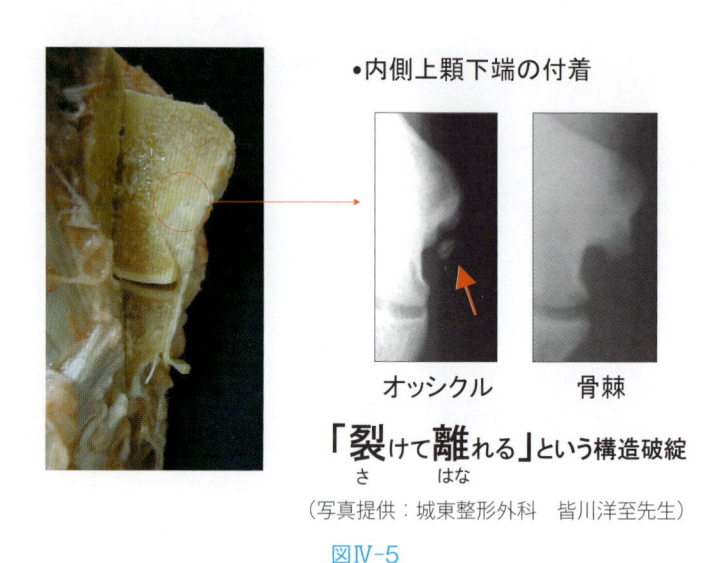

・内側上顆下端の付着

オッシクル　骨棘

「裂けて離れる」という構造破綻
　さ　　はな

(写真提供：城東整形外科　皆川洋至先生)

図Ⅳ-5

ここが Point!

内側上顆の外傷・障害は裂離という構造破綻を呈する

IV. 肘の内側の痛み—原因へのアプローチ—

1. 内側上顆障害

②病期

1 内側上顆障害の病期（図IV-6）

Check!
- ✓ 内側上顆障害はオスグッド・シュラッター病に類似した牽引性骨端障害である
- ✓ 透亮期，反応期，裂離期，隔絶期に概念上分類することができる
- ✓ 反応期と裂離期は破壊と修復を繰り返す時期で，両者は軟骨膜や骨端軟骨が連続しているかどうかで区別する
- ✓ 組織でみると，透亮期と反応期はミクロレベルでの破壊であり，裂離期では構造上のマクロの破壊，隔絶期は偽関節である

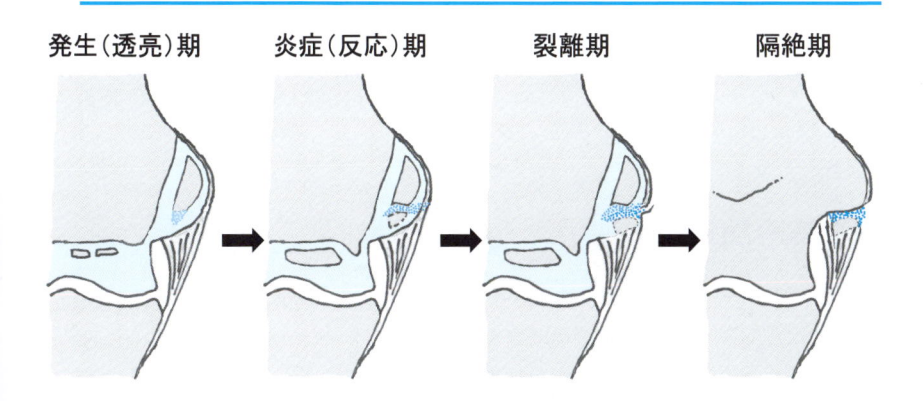

発生（透亮）期	炎症（反応）期	裂離期	隔絶期
骨化障害（吸収）組織レベルでの破壊	骨化障害（炎症）	骨端、骨膜の破断 構造上の破壊（明らかに病的な状態）	瘢痕組織の介在、隔絶

図IV-6　内側上顆障害の悪化過程

　牽引性ストレスにより骨端軟骨の骨化が障害され，骨化中心の下端に透亮像が現れる．これが発生初期の透亮期である．次いで透亮部の骨化が部分的に回復し，その結果として骨端核の分離・分節像を呈する．これが反応期である．炎症期は破壊（障害）と修復が混在し，そのため病像も多彩である（図IV-7）．さらに障害された部分に牽引力が加わり続けると，損傷はミクロレベル

からマクロレベルになり骨端軟骨と軟骨膜が断裂する．これが裂離期である．痛みを訴えて外来受診するのはこの時期が多い．裂離した部分が骨性に癒合せず，瘢痕組織を介在して終息した状態が隔絶期である．隔絶期でも内側の痛みや不安定性を残す例と全く症状を出さない例がある．

> **ここが Point!**
> 内側上顆障害には4つの段階がある

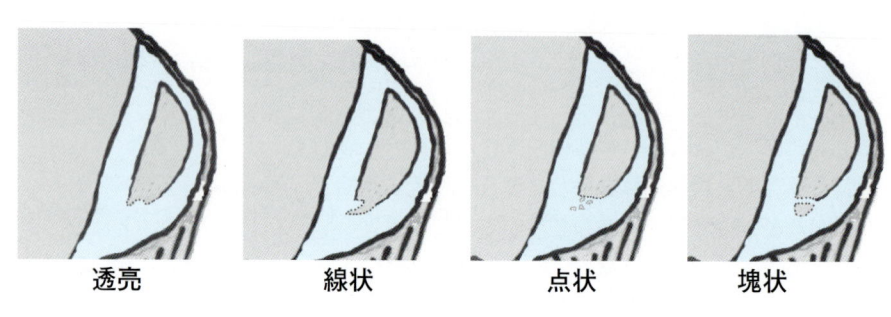

透亮　　線状　　点状　　塊状

図Ⅳ-7　炎症（反応）期の多彩な病像

> **ここが Point!**
> 反応期の骨化障害にもいろいろな"顔"がある

2 各病期の症状

透亮期：発生初期では痛みも無く，あっても投球後数時間で消えるため周囲の大人も本人も気付かないことが多い．

反応期：炎症が強くなり，痛みは数日続くようになる．肘の屈曲伸展の最終域での痛みや内側上顆下端の圧痛，外反ストレス痛がみられるようになる．

裂離期：最も痛みが強くなる時期で屈曲伸展の最終域での痛み，可動域制限そして圧痛や外反ストレス痛の程度が強くなる．医療機関を受診するようになるのはこの時期である．特に軟骨膜や骨端軟骨が破断した時は痛みが強く，曲げ伸ばしができない dead arm 状態になることもある．

隔絶期：瘢痕治癒してオッシクル（小骨片）を形成し，通常は伸展制限が残存する．全く痛まずに野球を続けられることも多いが，中には有痛性の偽関節となり多投や強投のできない「無理の利かない肘」となることもある．

Ⅳ．肘の内側の痛み―原因へのアプローチ―
1．内側上顆障害
③保存的対応　概念と具体的内容

　内側上顆障害への保存的対応は病期と症状によって変わるが，基本は以下の3項目である．

> 対応1：疼痛時は投球中止
> 対応2：発育段階に応じた身体機能の改善
> 対応3：投球動作指導(ただし型に入れない)

1 保存的治療と対応

1．病期に応じた治療と対応
　全ての病期に共通する対応は疼痛時の投球中止である．投球中止期間は一律ではなく，症状に応じて変える．原則として固定はせず，自動運動は痛みの無い範囲で許可する．例外としては裂離損傷が生じた急性期は除痛を目的に短期間のギプス固定を行うが，期間はせいぜい1～3週間である．固定を長くしない理由は日常生活での曲げ伸ばしでは病巣部に負担が加わらないからである．肘を安静にしている間でも練習への参加は許可する．痛みを誘発しなければランニング，バッティング，ノックの捕球練習には参加し，投球のみ中止させる．一般的には「痛みがあれば投球を中止，治まれば再開する」を繰り返すことで治癒できる．厳密にはギプス固定やシーネ固定をする場合は「治療」といえるが，安静だけの場合は治療ではなく「対応」というべきである．

ここが Point!

> 治療の大原則：肘は安静に，
> 　　　　　　　肘以外はしっかりトレーニング

反応期や裂離期では安静だけでなく，身体機能の改善にも取り組む．具体的には「体幹と骨盤の立位アライメントの修正」と「肩甲帯機能の改善（柔軟性の回復と肩甲骨周囲筋の支持力アップ）」である．このような運動療法を追加した場合は「積極的保存療法」と呼ばれる．肩甲帯機能の改善には正確な機能評価と発育段階に応じた対応が必要となる．これには専門知識と経験を要するので専門機関に相談することを勧める．一方，柔軟性回復のためのストレッチは積極的に行ってよい．広背筋や臀筋の後斜系のストレッチや肩後方のスリーパー・ストレッチを行うだけでも肘内側の痛みは軽減する．隔絶期の症例で痛みが再発した時もまずは身体機能の改善を行う．それでも症状が続く時は投球機会の少ないポジションへの変更が現実的である．

> **身体機能の改善ポイント**
> 　1）体幹・骨盤の立位アライメントを修正
> 　2）肩甲帯機能の改善
> 　　　柔軟性の回復と肩甲骨周囲筋の支持力アップ

2．保存的対応による典型的な治癒過程

　11歳7カ月の投手，右肘内側の痛みで受診する．内側上顆下端に淡く骨陰影が現れており，発症から既に1年以上経過していると推測される．滑車の骨端核はまだ出現していない．屈曲伸展での痛み，内側上顆の圧痛，外反ストレス痛のすべての症状が無くなるまで投球中止とした．2カ月後に症状が消失したので段階的に投球を再開した．初診から3カ月では内側上顆に分離像が見られ，画像上では悪化したように見える．滑車の内側には骨化中心が確認できる．その後も痛みの再発は無く，チームに合流した．初診から7カ月の時点で内側上顆の透亮線は消えて分離した部分が母床側と連続していることが確認できる．滑車の骨端核はさらに大きくなり，最内側部に新たな骨化中心がみられる．その後は何度か痛みを感じることがあったが，短期間の投球中止で回復した．初診から1年2カ月の時点で内側上顆は肥大がみられるも治癒し，滑車の骨化も完了した（図Ⅳ-8）．

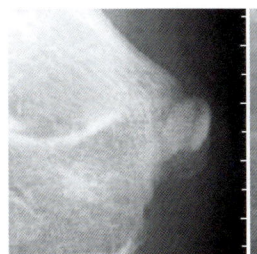

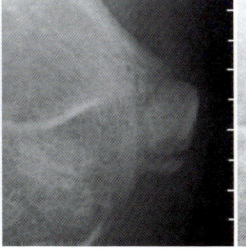

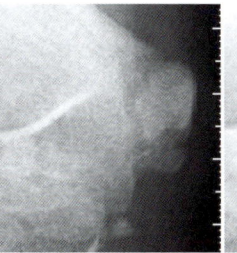

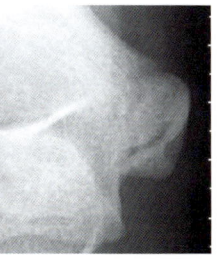

初診：反応期　　　3カ月：分離　　　7カ月：修復傾向　　　1年2カ月：治癒

図Ⅳ-8　11歳7カ月の投手

2 手術治療の必要性

　透亮期，反応期そして裂離期の牽引性骨端障害に対して手術の適応はなく，保存的な対応や治療で十分である．隔絶期でもオッシクルを形成しても痛みが無く，投球に支障が無い場合は手術の対象にはならない．適応があるとすれば頑固な痛みが続く例である．この時はオッシクルの切除だけでは不安定性を生じることがあるので，慎重な術式の決定を要する．不安定性がある場合は靱帯の補強や再建を追加する．

IV. 肘の内側の痛み―原因へのアプローチ―
2. 内側支持機構障害

①年齢と障害されやすい部位

1 内側支持機構の構造

　内側支持機構は内側上顆と内側側副靱帯，そして尺骨鉤状結節から構成され，肘関節内側の安定性に役立っている．骨格標本を見ると，内側側副靱帯は内側上顆と尺骨鉤状結節に付着している．成長期の骨格は図IV-9 の模式図に示したように内側上顆，滑車，鉤状突起は骨化進行途上で，骨化途上の軟骨の部分がある．模式図で水色に塗った部分が未骨化の軟骨である．内側側副靱帯は近位側では軟骨膜を介して内側上顆の下方に扇型に拡がりながら付着している．一方，遠位側では内側側副靱帯の線維は薄く柵状になって尺骨鉤状結節に張り付くように付着している．

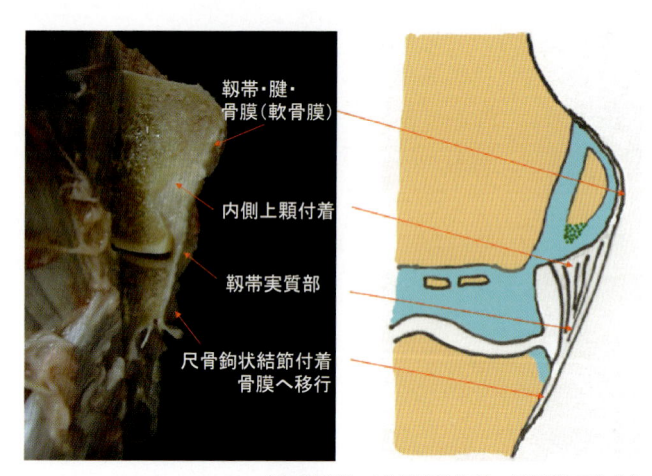

（写真提供：城東整形外科　皆川洋至先生）

図IV-9　「内側支持機構」の構造

2 成長とともに壊れやすい部位は変わる

　内側支持機構は成長とともに障害されやすい部位が変化する（図IV-10）．内側上顆の骨化が完了するまで（12, 13歳未満）は内側上顆下端の骨端軟骨が最脆弱部である．骨端辺縁部の骨化が進むと，骨端線が最脆弱部となる．特

に骨端線が閉鎖する直前は骨端線での損傷(離開)が起こりやすくなる．14，15歳で内側上顆の骨化が完了すると尺骨鉤状結節の付着部での障害も増えてくる．第Ⅱ章「肘の解剖」で述べたように，靱帯線維の骨への付着形態は近位側と遠位側で異なり，遠位側の付着部は膜状で薄く力学的に弱い．靱帯実質部の損傷が多くなるのは，内側上顆や尺骨鉤状結節の付着部が強固となる17，18歳以降である．野球選手では投球により微小損傷を繰り返すため，多少の靱帯実質部の変性は必ず存在する．社会人野球やプロ野球の投手のメディカルチェックでMRIを行うと，肘に痛みの無い投手でも内側側副靱帯の輝度変化を認めることが多い．

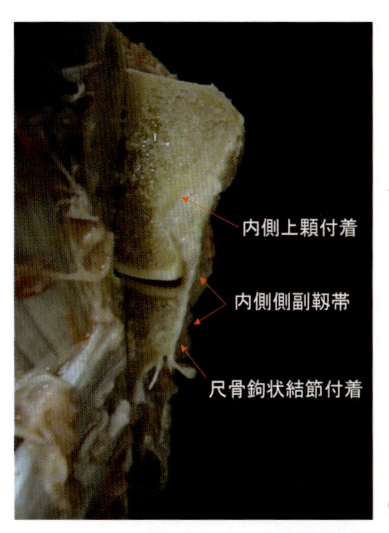

障害されやすい年齢

12〜13歳未満

17〜18歳以降

14〜15歳以降
14〜15歳で内側上顆の骨端線は閉鎖

（写真提供：城東整形外科　皆川洋至先生）

図Ⅳ-10　内側支持機構と障害されやすい年齢

ここがPoint!

内側支持機構は年齢とともに
障害されやすい部位が変わる

3 肘内側に痛みを出す外傷・障害

　野球で肘の内側に痛みを出す外傷・障害を骨年齢に従って，骨化進展期と骨化完了後に分けて整理すると表Ⅳ-1のようになる．

表Ⅳ-1　肘内側に痛みを出す外傷・障害

・骨化進展期の外傷・障害（apophyseal and epiphyseal stage）
　骨軟骨の外傷・障害
　　骨端の障害：内側上顆，滑車，尺骨鉤状結節
　　骨端線の障害：内側上顆，滑車，肘頭
　　裂離・剥離損傷：内側上顆，尺骨鉤状結節
　軟部組織の外傷・障害
　　成長期でも靱帯や筋腱もダメージは受けているが顕在化しない

・骨化完了後の外傷・障害（bony stage）
　軟部組織の外傷・障害
　　靱帯損傷：内側側副靱帯
　　筋腱損傷・障害：屈筋，回内筋，上腕筋
　　神経障害：尺骨神経（胸郭出口症候群を含む）
　骨軟骨の外傷・障害
　　過労性骨障害（疲労骨折）：内側上顆，肘頭
　　裂離・剥離骨折：内側上顆，尺骨鉤状結節
　　変形性関節症
　　成長期の遺残障害
　　（上腕骨内側上顆の骨片や骨棘，尺骨鉤状結節の骨片や骨堤）

Ⅳ．肘の内側の痛み―原因へのアプローチ―
2．内側支持機構障害
②内側上顆の裂離損傷

1 牽引性骨端障害(障害)と裂離損傷・骨折(外傷)

　骨端障害も裂離損傷・骨折も牽引力によって生じる点では同じであり，両者の境界は曖昧で厳密に区別することはできない．しかし治療をする上では区別して対応する必要がある．障害に対して必要以上の長期間固定は無意味であり，逆に外傷に対して早過ぎる現場復帰は治療の機会を奪うことになる．

2 裂離損傷の症状と診断

　「バチンと感じた」とか「一球で痛くなった」という「この一球」のエピソードを持つことが多い．遠投やピッチングで強く腕を振ろうと意識した時に生じることが多い．内側上顆下端に圧痛があり，痛みのために可動域は著しく制限される．投球はできず，時にバットを振ることもランニングで腕を振ることもできない．

　診断は問診と理学所見だけでも可能である．画像検査としては単純X線検査やCTで内側上顆下端に転位した骨軟骨片を認め，MRIで内側上顆下端と骨軟骨片の間に血腫を確認できる(図Ⅳ-11)．陳旧例では関節内に局所麻酔剤を注入して外反ストレスを加えるダイナミック・エコー検査が有用である．疼痛消失の有無と関節裂隙の開大度合いによる不安定性の評価を行う．

3 骨化進展期での裂離損傷

　手術が必要になるのは急性の裂離損傷や骨軟骨骨折が起こった場合である．骨軟骨片の転位が少ない場合はギプス固定やシーネ固定で癒合するが，転位が大きい場合は手術で修復を行うこともある．この骨軟骨片には内側側副靱帯(MCL)の前斜走線維が付着しているので，偽関節になった場合は投球時の痛みを残すことがある．陳旧例でも癒合させることは可能であるが，受傷後早いほど解剖学的な位置に整復しやすい．手術の方法はtension band wiring等の方法があるが，骨軟骨片が小さいことと成長軟骨帯があるのでピンの刺入方向やワイヤーや糸を通す孔の作成が難しい．陳旧例に接合術を行う場合は骨片と母床の間に海綿骨を移植すると癒合が確実となる．

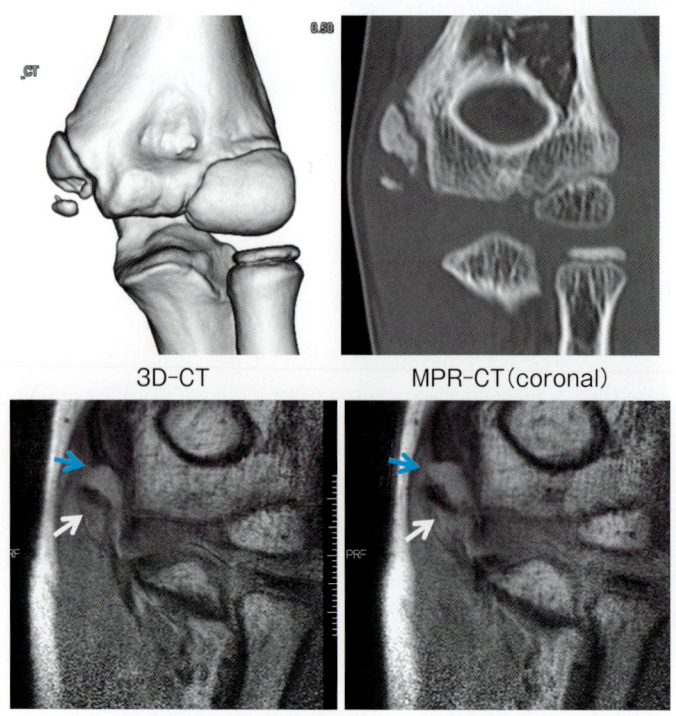

高分解能 MRI で血腫と MCL の付着を確認

図Ⅳ-11　10歳の投手．練習試合中にバチンと弾くような感覚とともに痛みが出現した．痛みのために曲げ伸ばしができない dead arm 状態となり，病院を受診した．内側上顆下端の骨片は辺縁が鋭的で，MRI では母床側と骨片の間に血腫（青矢印）が確認できる．骨片には内側側副靱帯が付着している（白矢印）．

4 骨化完了後の裂離骨折

　骨化完了後に裂離骨折を生じることがある．診断は骨化進展期の症例と同じであるが，骨化完了後の骨折は骨化進展期に比べて保存的治療で癒合する可能性は低い．受傷後3カ月以内であれば再接合可能であるが，陳旧化した例では内側側副靱帯の補強や再建術が必要となる（図Ⅳ-12）．

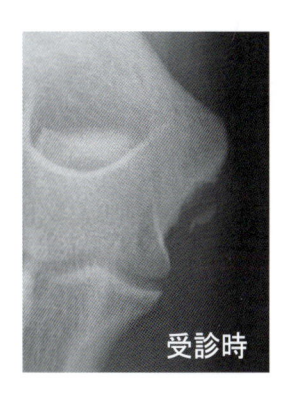

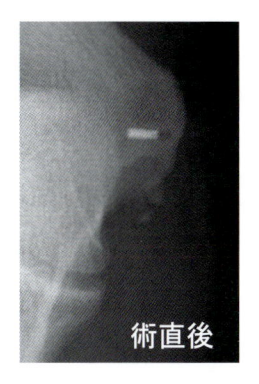

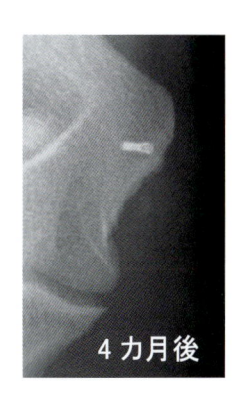

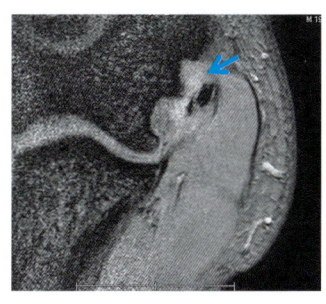

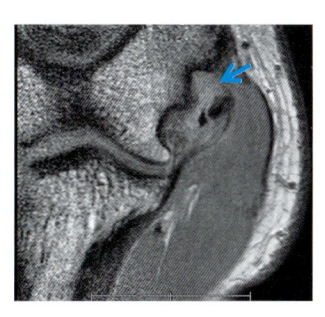

図Ⅳ-12　16歳の投手．紅白戦で受傷した．3カ月様子をみていたが痛みと不安定感で投球できないため来院した．内側上顆下端に圧痛があり，外反ストレステストでも痛みが強かった．単純X線像で内側上顆下端に転位した小さな骨片を認め，MRIでは血腫（青矢印）もみられるためアンカーを使って再接合術を行った．

ここが Point!

1) 裂離損傷の診断はエピソード，症状そして高分解能 MRI
2) 骨化進展期では治療の原則は保存治療（シーネ固定など）
3) 骨化完了後では手術が必要

IV. 肘の内側の痛み—原因へのアプローチ—
2. 内側支持機構障害
③尺骨鉤状結節の剝離損傷

1 尺骨鉤状結節の構造と傷害

　前斜走線維の近位側は扇状に広がり，深層と浅層に分かれている．一方，遠位側では二層が一体となって尺骨鉤状結節に薄く張り付くように付着している（図IV-13-左）．内側上顆の骨化が完了する14, 15歳以降から24, 25歳までの間にこの尺骨鉤状結節の付着部で剝離損傷が生じることがある．

2 症状と診察所見

　「バチンと感じた」とか「一球で痛くなった」という「この一球」のエピソードを持つことが多い．症状は急性期では肘内側の腫脹と尺骨鉤状結節の圧痛で，時に皮下出血がみられることもある．外反ストレステストで痛み，投球はできない．3, 4週もすれば塁間くらいのキャッチボールはできるまでになるが，ブルペンでのピッチングや遠投をすると内側に強い痛みが再発する．
　慢性期では近距離でのキャッチボールは可能となるが，遠投や強投では痛む．診察所見では外反ストレス痛は陽性だが，圧痛は必ずしもあるとは限らない．稀に「この一球」のエピソードがなく，徐々に剝がれて痛みが強くなることもある．

> **ここがPoint!**
> 典型例では"この一球"というエピソードがある

　慢性期になると，図IV-13-右に示すような尺骨鉤状結節の先端部分のオッシクルや骨膨隆を生じる．骨膨隆は靱帯とともに骨膜が剝離されて生じると推測されるが，オッシクルは wrap around 構造による靱帯の圧迫力と投球減速期の腕尺関節の圧迫によって生じると推測される．

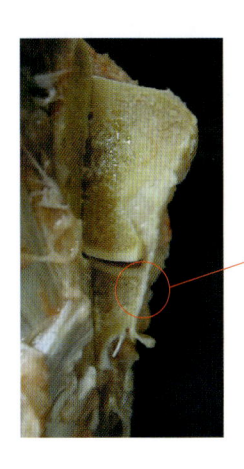

・尺骨鉤状結節付着

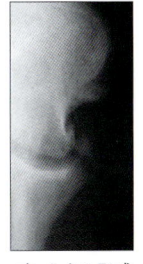

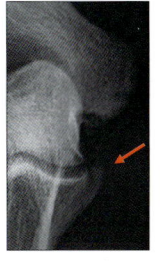

オッシクル形成　　骨棘（膨隆）

「剥がれ離れる」という構造破綻

（写真提供：城東整形外科　皆川洋至先生）

図Ⅳ-13　左の骨格標本をみると近位では扇状に広がった付着，遠位では薄く張り付いている．右は尺骨鉤状結節の変化で小さな離断骨軟骨片（オッシクル）や骨膨隆を呈する．

3 画像検査と診断

　オッシクルや骨膨隆の診断は単純X線で十分に可能である．その立体的な位置関係や拡がりを把握するには3D-CTやMPR-CTが良い．前斜走線維（AOL）との関係をみるにはMRI，特にマイクロコイルを使った高分解能MRIが良い．MRIでは血腫や線維の連続性の確認，関節液の拡がりや漏出から剥離の確認（いわゆるTサイン，図Ⅳ-14）ができる．ただし受傷から検査

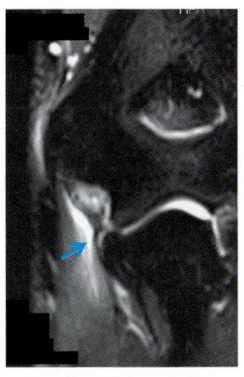

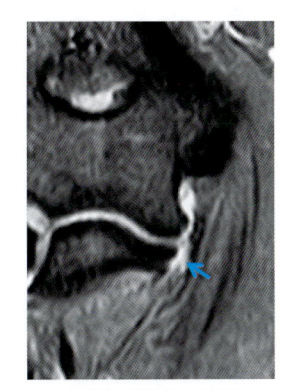

18歳　投手　左肘　　　　20歳　投手　右肘

図Ⅳ-14　左側のMRIは受傷後3日目に撮影したもので，靱帯の剥離（青矢印）がみられ，血腫が関節包の内外に存在するのが観察できる．右側のMRIは受傷後1カ月の時点で撮影されたもので，AOLが遠位付着部で剥離し，尺骨鉤状結節と靱帯の間に関節液が流入している（青矢印）のが観察できる．

までの期間で得られる像は変わるので，できるだけ早期に検査することが勧められる．

　内側の不安定性の確認には局所麻酔剤を関節腔内に注入して，徒手的に外反ストレスを加えるダイナミック・エコー検査が有用である．尺骨付着部が2～3倍に厚く腫脹しているのが見える．外反ストレスを加えても深層のfibrillar patternが不鮮明で緊張せず，断端が近位側に退縮して浅層と尺骨の間にデッドスペースを観察できる．また症例によっては一見連続しているように見えても外反ストレスを加えると断端部が近位側にスライドする（図Ⅳ-15）．通常の破綻では関節裂隙は5～6 mm開大するが，剥離の範囲が広い場合は10 mm近く開大することもある．

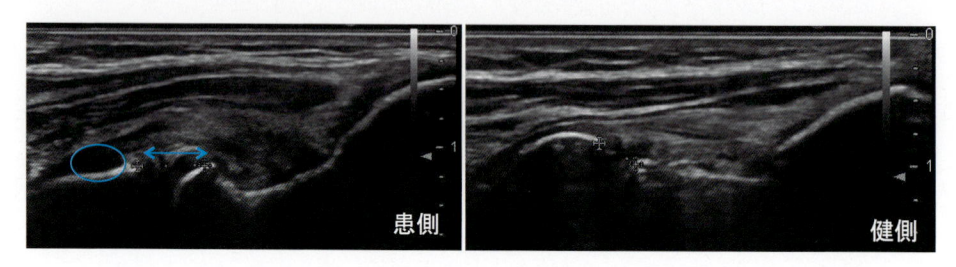

図Ⅳ-15　右の健側と比べて左の患側では深層部のfibrillar patternが不鮮明で，断端が近位側に退縮し，隙間（青丸）が見える．また関節裂隙も大きく開大（青両矢印）している．

4 剥離損傷の治療

　剥離損傷の程度とポジションによって対応は異なる．損傷がハッキリして，断端が近位方向に退縮しているような例では可及的早期に修復術を適応する．剥離の程度が軽く部分損傷と判断した場合は3カ月の投球中止と肩甲帯の機能改善による保存療法を行う．保存療法に抵抗し痛みのため投球できない場合は手術を考慮する．AOLの浅層を線維方向に縦切し，尺骨の膨隆部や離断部を切除してアンカーを1，2個打ち深層を引き寄せて浅層とともに縫着する（図Ⅳ-16）．できるだけ手術で再縫着を試みるが，断端が変性したり短か過ぎたりする場合は再建（補強）術となる．この靱帯の修復術は新しい術式であり，今後の症例の集積結果によっては方法や適応が変わる可能性がある．

術前　　　　　　術後

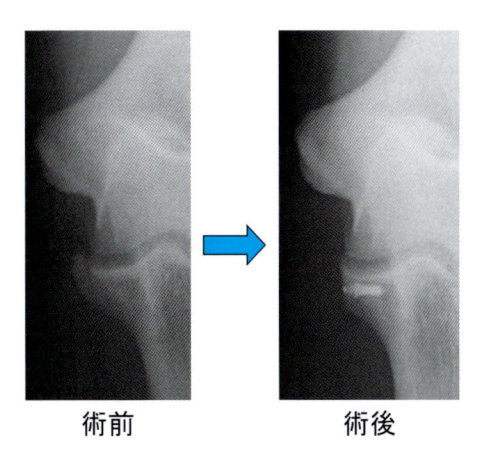

図Ⅳ-16　骨膨隆部切除＋再縫着
骨棘様の膨隆部が切除され，アンカーで靱帯が再縫着されている．

Ⅳ．肘の内側の痛み―原因へのアプローチ―
2．内側支持機構障害
④内側側副靱帯損傷

1 靱帯の変性と破綻はどこに起きるか

　投球で生じる内側側副靱帯不全は前斜走線維，後斜走線維，横走線維の中の前斜走線維に生じる．前斜走線維（AOL）はさらに上腕骨内側上顆の付着部（近位付着部）と尺骨鉤状結節の付着部（遠位付着部），そして靱帯実質部に分かれ，3箇所いずれでも破綻を生じる．

　「すべての形ある物は最脆弱部で破綻を生じる」といわれているが，靱帯も例外ではない．しかし臨床の実際では，術中にその破綻部位を容易に特定できることもあれば，変性が靱帯実質部全体に及び破綻部位を特定できないこともある．逆に 10 代後半の若い症例では変性が予想ほど進んでおらず，術中に責任病巣が同定できなくて戸惑うことも珍しくない．

> **ここが Point!**
> 靱帯の変性は全体に起こるが，破綻は最脆弱部に生じる

2 どのように診断するか

1．理学検査

　「投球時の肘内側部の痛み」と外反ストレステストでの症状の再現が決め手となる．圧痛は責任病巣と思われる部位に一致してみられることが多いが，絶対的なものではない．関節の不安定性については元々の弛緩性に個体差があり，高いレベルの選手では数値化することは困難である．また外反ストレステストの方法として，milking test や moving valgus test など様々な方法が紹介されているが，どれが優れているというものではなく，検者の慣れた方法でよい．

　侵襲を加える検査ではあるが，肘の外側から関節腔内に 5 ml 程度の局所麻酔剤を注入することによって痛みが消失することも靱帯損傷の陽性所見としてよい．内側から AOL 周辺にブロック注射をしても診断の根拠にはなら

ない．ただし肘頭先端部の骨軟骨障害などでも痛みが消失することがあるので画像検査と合わせて判断する．

2．画像検査

　かつては単純X線によるストレステストでの左右差で判断していたが，現在では行われなくなった．現在最も広く行われている検査はMRIである．健全なAOLは低輝度で均質に描出されるが，変性したAOLは輝度が等あるいは高輝度に変化し，均質性に欠ける．時には靱帯の断端が観察されたり，関節液が漏出している像が観察できることもある（図Ⅳ-17）．

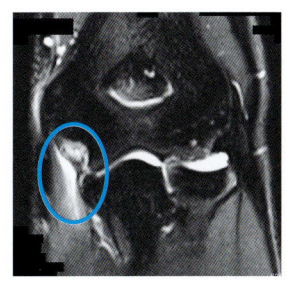

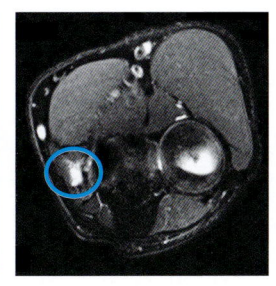

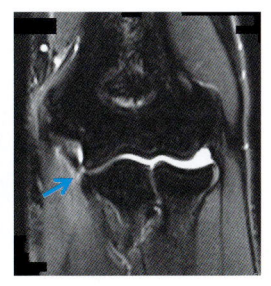

図Ⅳ-17　17歳投手に受傷後1週で行ったMRIである．関節包の内外に血腫が存在する（丸囲み）のがわかる．またAOLの遠位側に断端（→）が確認できる．

　ただし症状発現から検査までの時間によって像は変わってくるので，できるだけ早期に検査を受けることが望ましい．プロ野球投手では肘に痛みの無い場合でもAOLに輝度変化がみられることが多く，慢性例では輝度変化だけで責任病巣を決めることは困難である．

　近年注目されている検査はエコーである．画像の解像度が悪かった時代はストレステストでの腕尺関節の開大の度合いを測る手段として使用されていた．近年では機器の進歩により解像度が上がり，AOLの浅層，深層の二層構造まで見ることができるようになった（図Ⅳ-18）．

　局所麻酔剤を関節腔に入れて痛みを無くして行うストレステストでは靱帯の断裂部が特定でき，断裂した深層部がずれることを確認できることもある．MRIが静的検査であるのに対してエコーは動的検査であり，より機能的評価ができる．これまでAOLの中の責任病巣の診断まで行わず，ブラックボックスのままで治療していたが，エコーにより精密な診断が可能になり，治療選択に幅が出てきた．ただしエコーも症状発現から検査までの時間によって結果が変わるので，できるだけ早期に検査することが望ましい．

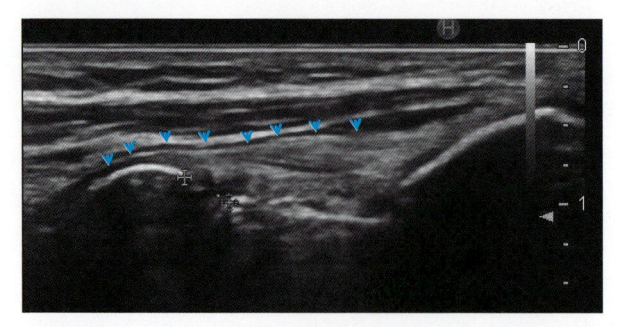

図Ⅳ-18 高解像度のエコーでみた正常の AOL である．外反ストレスを加えることによって線維が一定方向に並び，表層の高輝度のライン（青矢頭）と深部の線維層を見ることができる．

> **ここが Point!**
>
> 1）投球時の内側部痛と外反ストレスによる症状の再現
> 2）画像検査はできるだけ早期に行う
> 3）理学所見と画像検査を総合して診断する

3 治療方法について

1．保存治療

　まずは損傷した組織の治癒のため，そして二次損傷を起こさないために投球動作を一定期間中止する必要がある．この間に MRI やエコー検査を受ける．患部は安静にするが，それ以外の部位，特に肩甲胸郭機能と股関節周りの機能は維持もしくは改善する．AOL の損傷を起こしたということは，身体機能か投球動作，あるいは両方に問題があるので，その原因と思われるところの改善を図ることが大切である．
　投球動作の分析や評価は現場の問題であり，コーチやトレーナーとの連携が必要である．高校生や大学生で指導やアドバイスをもらえない環境では医療機関が関与することもある．しかし，あくまでも医療機関の主な役割は柔軟性や筋力強化，アライメントの調整などの身体機能の改善である．保存療法による経過観察期間は選手の環境にもよるが，3～6 カ月が限界で，効果が出ない場合は手術を適応する．

2．手術治療

　靱帯損傷の治療は大きく分けて，靱帯再建術と靱帯修復術がある．さらに再建術には，元の劣化した靱帯を除去して新たに再建する「真の再建術(reconstruction)」と，元の靱帯を残して新たな靱帯を再建する「補強術(augmentation)」がある．ベテランの投手では再建術となり，若手の選手では補強術となることが多い．術式はJobeや伊藤を初めとして様々な方法が報告されているが，内側上顆の骨孔の位置が正しければ，いずれの方法でも支持性は再獲得できる．

　修復術は脱臼などの外傷の時に行われるだけであったが，エコー検査で遠位付着部での深層部の剝離断裂が診断できるようになって適応が増えてきた．本来の組織での解剖学的修復であり，復帰も約6カ月と早く，靱帯の変性が進んでいない高校生や大学生では適応がある．

ここが Point!
1) 身体機能の改善と投球動作への介入が必要
2) 手術には再建術と修復術がある

4　未解決の課題

　かつてはAOLの治療は限られた選手に，限られた施設で行われていたが，安定した手術手技の普及により多くの施設で行われるようになった．しかしそれに伴い，「責任病巣を確定しない曖昧な適応」，「手術対象の若年齢化」，「保存療法や術前リハビリテーションの軽視」等の問題が出ている．今後も診断や治療は変わっていくものと思われる．

Ⅳ．肘の内側の痛み―原因へのアプローチ―

3．内側上顆および内側骨端複合体の骨端線障害

1 内側上顆と滑車の骨端

　内側上顆の骨端核は 5 歳から 9 歳くらいで現れ，13 歳から 16 歳までに骨化が完了する．一方，滑車の骨端核は出現が遅く，11 歳前後から現れて 14 歳から 16 歳までに骨化が完了する．内側上顆と滑車の骨化進行速度が異なるため，両者が一体になっていることに気付き難い．実際は図Ⅳ-19 のように内側上顆と滑車は連結部があり，繋がっている．この連結部の太さには個体差がある．

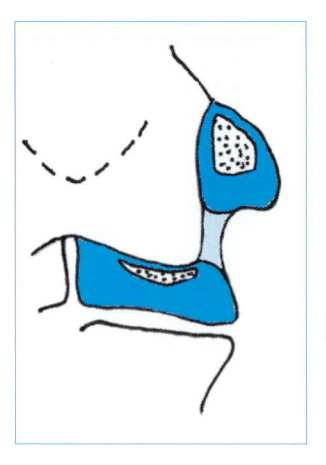

図Ⅳ-19　内側上顆と滑車の骨端
青色は内側上顆と滑車の骨端
水色は連結部

ここがPoint!

内側上顆と滑車の骨端は繋がっている

2 内側上顆の骨端線障害

1．骨端線の閉鎖不全（遅延）

　非投球側の骨端線が閉鎖しているにもかかわらず，投球側の骨端線が開存している時に診断される（図Ⅳ-20）．

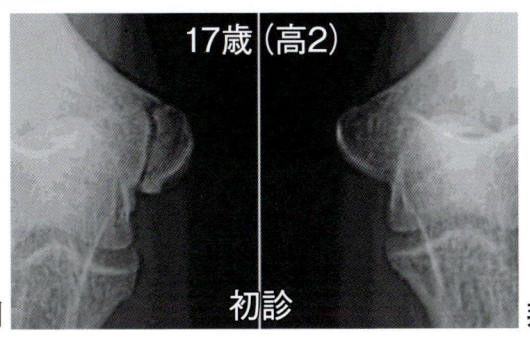

図Ⅳ-20　骨端線の閉鎖不全（遅延）

　通常，投球側は非投球側より早く骨端線が閉鎖する．したがって遅れている場合は閉鎖遅延という診断になり，注意深く経過観察する必要がある．無理をすると偽関節になったり，骨端線離開を起こしたりすることがある．

2．骨端線離開（離解）*

　内側上顆の骨端線離開は閉鎖が始まる13歳から16歳頃に起こることが多い．靱帯損傷と同じように「この一球」のエピソードがあり，発症時はバキッと音を感じることもある．離開は骨端線の上方，しかも後側から亀裂が入る傾向がある．これは内側上顆が屈曲回内筋群の付着部で，この収縮力によって離開するためと考えられる（図Ⅳ-21）．＊：「離解」と表記する場合もある．

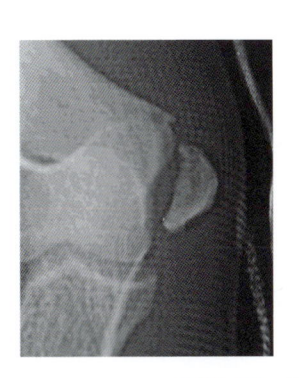

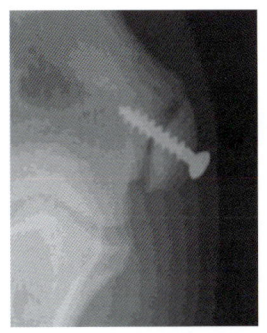

図Ⅳ-21　骨端線離開
骨端線で離開して前下方に転位，観血的に整復，内固定を要した．

3 内側骨端複合体の離開

　内側上顆と滑車の骨端複合体が骨端線で地滑りを起こすように離開することがある．骨端複合体の離開を生じる例では，内側上顆と滑車の連結部は太いことが多い．

この外傷は屈曲回内筋群の牽引力ではなく，減速期の内反ストレスによって生じると考えられている．肘関節は加速期に外反し，減速期では内反する．投球フォームが未熟で，この内反ストレスが大きくなるような投球動作で生じると推測されている（図Ⅳ-22）．

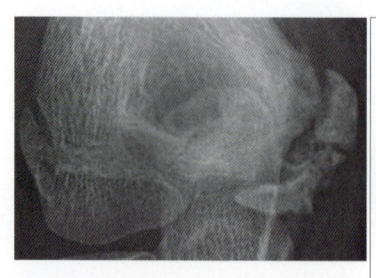

図Ⅳ-22　内側骨端複合体の離開

4 診断と画像検査

内側上顆骨端線の閉鎖不全や離開は問診と症状，そしてX線検査で診断は容易である．圧痛点は内側上顆の上方，しかも後方寄りに強いことが多い．内側骨端複合体の離開は1回のX線検査だけでは診断が難しい．症状では痛みが強いこと，X線像で内側上顆と滑車の連結部が太いことがポイントになるので，1カ月，2カ月と経過をみるか，MRIを追加すると確定できる．

5 骨端線障害の治療

骨端線閉鎖遅延では投球中止で経過をみると3カ月くらいで閉鎖することが多い．しかし偽関節の状態となった骨端線の閉鎖不全では，偽関節部をドリリングして骨螺子で圧着する必要がある．閉鎖不全から離開に至った例でも骨螺子による圧着が必要となる．骨端線閉鎖間際に起こった離開では転位が少ない場合はギプス固定でも癒合するといわれているが，偽関節になることも少なくない．そのため観血的にK-wireや骨螺子で固定することが確実である．内側骨端複合体の離開は保存治療で十分で，手術を要することはなく，一般に予後は良い．

ここが Point!

閉鎖遅延は投球中止，離開は手術で固定する

野球ヒジ診療ハンドブック―肘の診断から治療，検診まで―

Ⅳ．肘の内側の痛み―原因へのアプローチ―
4．尺骨神経障害と胸郭出口症候群
①尺骨神経障害

1 尺骨神経障害

　尺骨神経由来の肘内側部の痛みが生じることがある．学童期にみられることはなく，15歳前後から症状を出すようになる．痛みは内側上顆を挟んだ上腕遠位から前腕近位にかけて，肩の最大外旋時に生じる．症状が強くなると投球動作以外の安静時にも痛みと痺れが生じる．夜間，尺側の痺れで目が覚めることもある．

2 診断のポイント

　肘の局所の診察では通常の理学所見以外に，尺骨神経の脱臼，放散痛，圧痛点の有無をチェックする．この時，上腕からの出口付近と前腕屈筋への入口部は念入りに診察する．併せて頚部，肩甲胸郭の診察も行う必要がある．

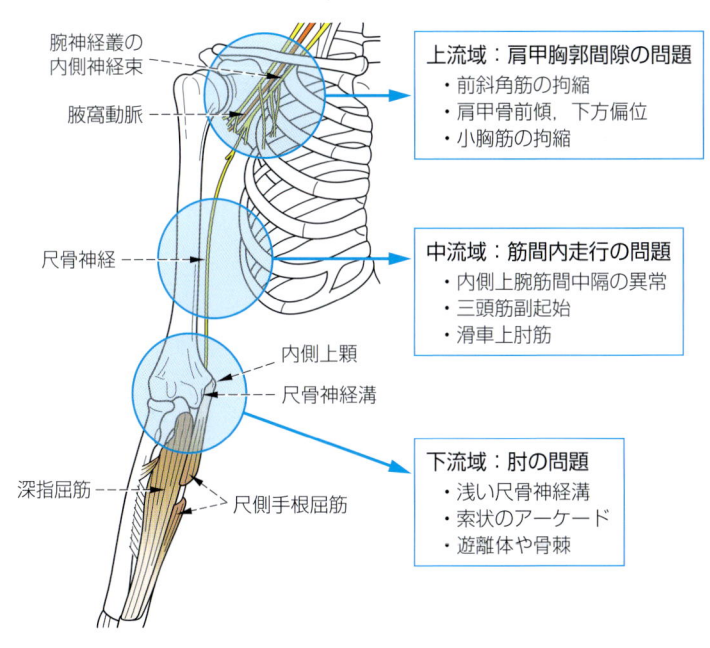

図Ⅳ-23　尺骨神経由来の肘内側部痛と責任病巣

投球による尺骨神経由来の症状は90%以上にこの領域に問題を有することが多いからである．前斜角筋，小胸筋，肩甲挙筋の圧痛や緊張度，そして放散痛の有無をみる．図Ⅳ-23に責任病巣になりやすい部位を近位から遠位に向かって示した．

上流域では神経型仮性下位型の胸郭出口症候群として障害を生じ，中流域では筋間内走行の問題が障害を生じる．下流域では尺骨神経の脱臼や骨性の圧迫や索状物による絞扼によって生じる．中には単独ではなく二重，三重に障害を持つ例もある．

> **ここが Point!**
> 1）尺骨神経は上流，中流，下流域のそれぞれで障害される
> 2）投球障害では上流域を合併していることが多い

3 治療のポイント

1．上流，中流，下流の順に治療する
　上流の問題が残っていれば下流の症状は再発する．

2．上流域は手術より，リハビリで肩甲胸郭機能を改善する
　肋骨切除をしても肩甲胸郭機能が改善していなければ，数カ月して症状は再発する．

3．中流，下流域の問題は時に手術が必要となる
　神経伝導速度が低下していれば適応はあるが，伝導速度に現れない障害もあるので判断が難しい．

IV. 肘の内側の痛み―原因へのアプローチ―
4. 尺骨神経障害と胸郭出口症候群
②胸郭出口症候群

胸郭出口症候群

1．定義

> 腕神経叢および鎖骨下動・静脈が胸郭の上方から腋下にいたる空隙（cervico-axillary space）を通過する間で圧迫をうけ，いろいろな障害を生じたとき，これを胸郭出口症候群 thoracic outlet syndrome と総称する．

（廣谷速人：しびれと痛み 末梢神経絞扼障害 第1版．p.105，金原出版，1997．より引用）

2．分類

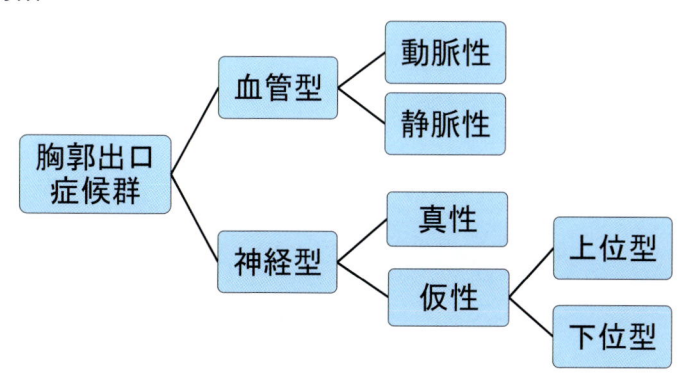

図IV-24　胸郭出口症候群の分類と捉え方

　図IV-24は胸郭出口症候群の分類と捉え方をまとめたものである．まずは循環障害による血管型と神経の絞扼による神経型に分かれる．神経型はさらに頚肋などの解剖学的異常による圧迫によって生じる真性と解剖学的異常を伴わない仮性（疑性）に分かれる．疑性はC5-7領域が障害される上位型とC8-Th1領域が障害される下位型に分かれる．投球によって生じる胸郭出口症候群は神経型で仮性（疑性），そして下位型のものである．

第Ⅴ章
離断性骨軟骨炎の病態と治療

V. 離断性骨軟骨炎の病態と治療
1. 離断性骨軟骨炎の病態
①病態について

1 OCD という病名について

　離断性骨軟骨炎"Osteochondritis Dissecans"という名称は 1887 年に König が炎症反応説を唱えて命名し，それ以降はこの名称が広く使用されるようになった．1970 年代から 1980 年代に詳しいリサーチがなされ，「炎症は病態の主体ではなく，進行過程における生体の修復反応である」と考えられ，Ostechondrosis Dissecans と呼ぶべきとの意見が多くなった．さらに Osteochondritis Dissecans は初期から終末期に至る一連の進行過程のうちの分離期から遊離期のみを示したものであり，Osteochondrosis（骨軟骨障害）が正しい病名といわれるようになった．ただ Osteochondritis Dissecans(OCD)はあまりにも広く受け入れられた呼称であるため，現在も慣用的に使用されている．

> ここが **Point!**
>
> **病態を反映する病名は骨軟骨障害(osteochondrosis)**

2 OCD の発生時期

　無作為に抽出した離断性骨軟骨炎の 50 例（7 歳 10 カ月～16 歳 2 カ月）の病期別の平均年齢は，初期 11 歳 2 カ月，進行期 12 歳 7 カ月，終末期 14 歳 1 カ月で，暦年齢の進行に伴い病期が進んでいた．OCD は暦年齢で 11 歳前後に発生していることがわかった．

　同じ暦年齢でも骨の成長は様々で，11 歳前後では早い子と遅い子の骨年齢の開きが 4 年ほどみられる．上腕骨小頭の骨化進行過程を小頭の骨端線から固有形，癒合開始，癒合中，ほぼ閉鎖，閉鎖の 5 段階に分けて（図 V-1），骨年齢と病期の関係をみた．

　初期は固有形，進行期は癒合中，終末期は閉鎖にピークがみられ，小頭の離断性骨軟骨炎は小頭の骨端核が固有形から癒合を開始する時期に発生していた（図 V-2）．

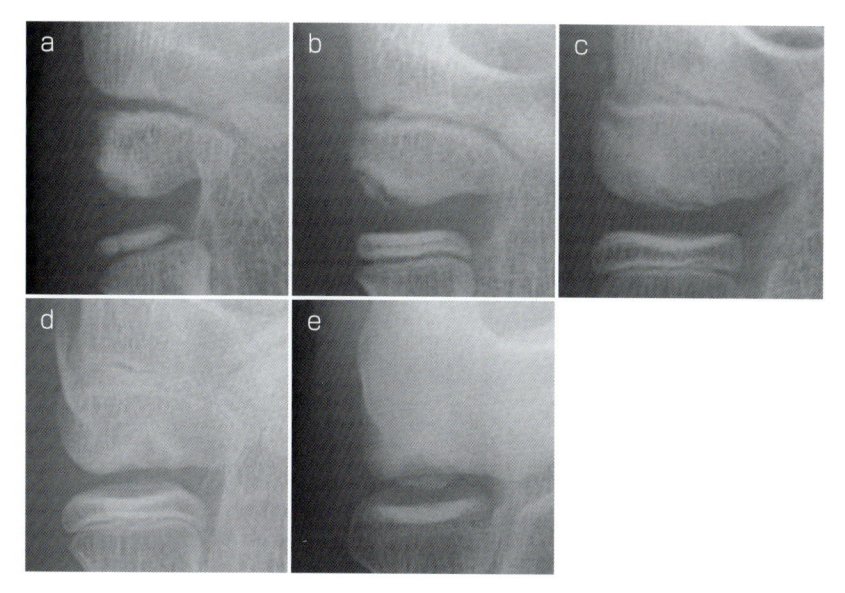

図V-1　小頭の骨年齢
骨端線開存期（epiphyseal stage）の小頭は固有形（a），癒合開始（b），癒合中（c），ほぼ閉鎖（d），閉鎖（e）の5段階に分けることができる．

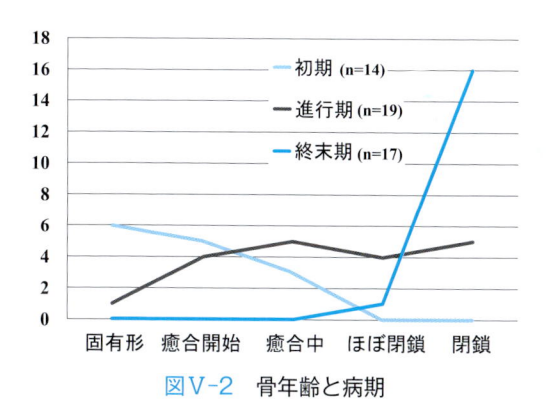

図V-2　骨年齢と病期
初期では固有形，進行期では癒合中，終末期では閉鎖にピークがあった．

ここが Point!

> 暦年齢では11歳前後に，骨年齢では固有形から癒合が始まる時期に発生する

1．離断性骨軟骨炎の病態　①病態について

3 成因についての考え方

　離断性骨軟骨炎の成因についてはこれまで多くの説が唱えられてきた．主要なものは炎症反応説，純外傷説，外傷性栄養障害説，持続外傷説，血行障害説，内分泌異常説，遺伝性体質素因説などである．250年にもなるが，これまでに病態を矛盾なく説明できるものはなかった．現在では何らかの内的要因を持つ個体に外的要因が加わった際に発生し，増悪するのではないかと考えられている．

　投球動作が病状を悪化進行させる増悪因子であるということは多くの臨床家の意見が一致しているが，発生因子かどうかということは意見が分かれている．実際の臨床の場面では野球を始めて間もない子どもに発症したり，肘に負荷のかかるスポーツなどを全くやっていない子どもに発症したりすることも珍しくない．岡田らは上肢に負荷のかからない少年サッカー選手にもエコーによる調査で無症候性の離断性骨軟骨炎が発生していることを示した．松浦も少年野球選手の1年間の追跡調査で「離断性骨軟骨炎の発生は投球機会の多さとは無関係である」ことを明らかにしている．現在は発生要因を外力（メカニカルストレス）だけに求めることは否定的となっている．内的要因としてはHaraldsson（1959）の血流障害説が有力で，松浦は屍体標本での栄養血管の走行を調査し，エコーで患部の血流量を測定し，この説を追試研究した．離断性骨軟骨炎は小頭の骨端が固有形から癒合を開始する頃に，小頭への栄養血管の血流量が低下して生じる無腐性骨壊死ではないかと考えられている．

ここが Point!

1) 外的要因（投球等）だけでは発生しない
2) 外的要因（投球等）は増悪因子となる
3) 発生には内的要因の関与が大きい

　予後や治療経過についても様々な様相を呈する．投球を中止しても修復しなかったり，投球を続行したにもかかわらず修復したりと投球以外の要因も関与している．小頭の骨髄内血行が病巣修復の鍵を握っているようである．

　この項目の詳細は書籍「肘実践講座　よくわかる野球肘　離断性骨軟骨炎」の第Ⅳ章「成因と病態について」（p.42～52）をご参照ください．

V. 離断性骨軟骨炎の病態と治療
1. 離断性骨軟骨炎の病態

②病期について

1 病期分類の推移

　離断性骨軟骨炎の病期分類はこれまでに種々の報告があり，代表的なものとして1979年の三浪の分類や1988年の岩瀬の分類がある．撮影方法による病期診断の誤りをなくすため，岩瀬の分類では単純X線の撮影方法をTangential view（45°屈曲位正面）に統一している．近年では症例の経験を積み重ねたことや，肘検診の普及により自覚症状が発現する前に発見されるようになったこと，さらにMRI, CT, エコーといった画像検査機器が進歩したことで，より病態と治療に則した病期分類が考えられるようになってきた．

2 総合的病期分類

　これまでの離断性骨軟骨炎の分類は悪化過程だけで，修復過程は含まれていなかった．木田は離断性骨軟骨炎の悪化進行過程と修復過程の両方を盛り込んで，より立体的，経時的に疾患を捉える総合的病期分類を示した．これは画像所見，手術所見などを含めた総合的な病期分類である．

1．増悪過程

　増悪過程は大きく透亮期，分離期，遊離期に分ける（図V-3）．さらにそれぞれのステージを透亮外側期と透亮中央期，分離前期と分離後期，遊離巣内期と遊離巣外期に細分する．いずれのステージも連続性をもっており，厳密な境界はない．

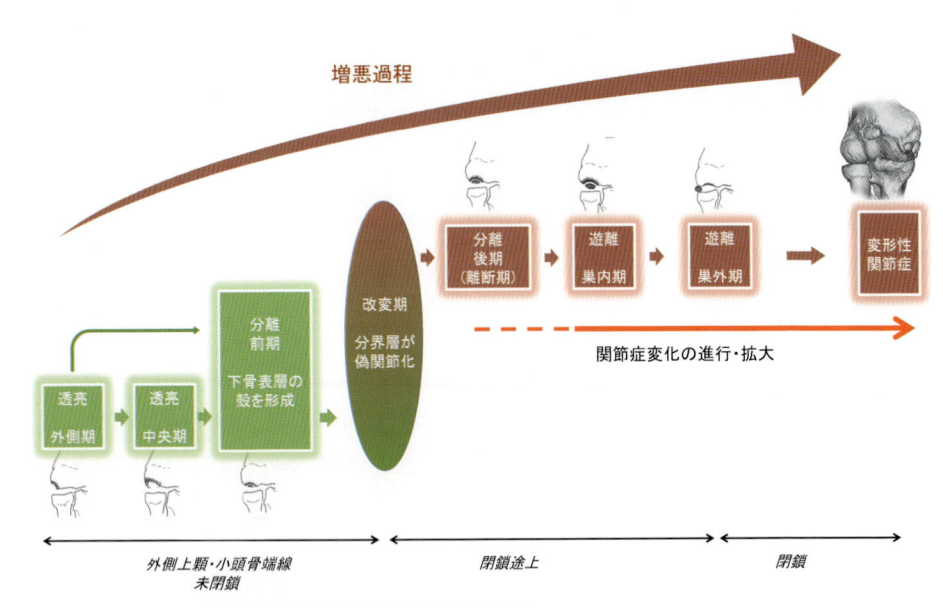

図Ⅴ-3 増悪過程のフローチャート

注：改変期は概念的なもので，明確な病期ではない．
悪化過程を理解するための暫定的な病期である．
この改変期は修復と増悪を分ける重要な時期と捉える．

　透亮期は外側から修復が始まるため，発見の時期が遅いと外側の病変が修復して中央だけが残る．外側期と中央期の骨年齢を比較すると中央期が進んでおり，発生してから時間が経過していると推測される．そのため透亮期を外側期と中央期に分ける．透亮というのはX線所見であり，実際は骨ミネラルが吸収された状態なので，「吸収期」といってもよい．また症例数は多くはないが，外側の吸収像が中央に移行せずにそのまま分離期に進むこともある．注意すべきことだが，骨化が停止した状態を初期の透亮像と誤解してはいけない．外側上顆や小頭の骨端線が完全に閉鎖した骨化完了期に透亮期は存在しない．画像上は透亮像に見えてもそれは修復が途中で停止した状態で，「遺残期」と捉えるべきである．
　次に分離期についてである．離断性骨軟骨炎が治癒するかどうかは分離期にかかっている．透亮期から分離前期に至る過程は病巣の悪化進行を示すのではなく，島状の分節部が形成されている修復・骨化新生の期間と捉えるべきである．透亮期から分離期に至ると表層では薄い殻のような軟骨下骨板が現れてくる．これを「下骨表層のライン」とか「下骨表層の殻」と呼んでいる．この殻が徐々に分厚くなって島状の分節部が形成されると考えている．一方，深層の骨髄では骨質の低下した部位と母床の境界部に骨硬化が現れて

くる．これは骨化が盛んな「修復の最前線」で，「分界層」と呼ぶ．分離期ではこの分界層の変化が修復に向かうか，離断に向かうかの鍵を握っている．この不安定な時期を「分界層の改変期」と呼び，分離期前期と後期を分ける概念上の病期を設定した．分離後期では修復機転は停止し，母床との間に線維性組織が介在して偽関節の状態になっている．さらに悪化すると離断した骨軟骨片は母床部付近で肉眼でもわかるくらい動くようになる．この状態が遊離巣内期である．この遊離骨軟骨片の全部または一部が母床から剥がれて他の部位に移動したのが遊離巣外期である．分離後期から遊離期に至る期間，関節内では滑膜増生，関節水腫がみられ，橈骨頭の肥大が進み，関節症変化が進んでいく．

2．修復過程

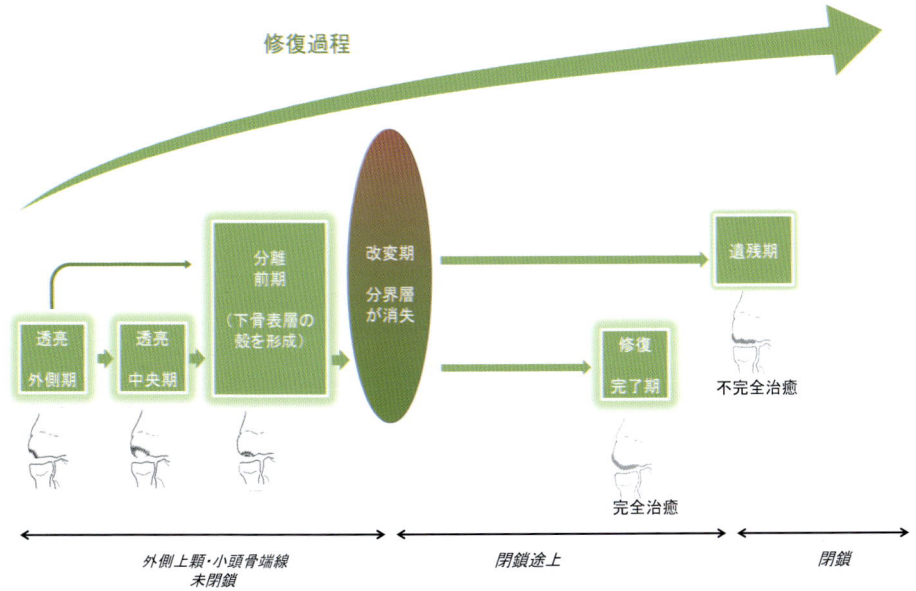

図Ⅴ-4　修復過程のフローチャート

次に修復過程について説明する（図Ⅴ-4）．基本的な治癒のパターンは透亮期から分離前期を経て修復する．この過程は外側から修復機転が起こり，中央に移動して最終的に治癒する．増悪過程でも述べた「分界層の改変期」が鍵を握っており，分界層が消えて癒合するように修復する．「下骨表層の殻」が連続して小頭の輪郭ができること，骨髄では「分界層」がなくなり，一様な骨梁構造が再構築したときが「修復完了期」である．この治癒の最終判定

は単純X線やエコーでは限界があり，またMRIでは変化を過度に捉えることがあるため，CT，特に矢状面再構成画像が有用である．正常と全く見分けがつかない完全修復が得られるものもあるが，途中で修復が停止して関節面に不整が残る不完全治癒もあり，これを「遺残期」としている．不完全治癒例の中にはわずかな症状が残る場合もあれば，全く症状がなく機能的には完全修復といえる状態のものもある．

　この項目の詳細は書籍「肘実践講座　よくわかる野球肘　離断性骨軟骨炎」の第Ⅲ章「病期と臨床症状，理学所見を知る」（p.24～37）をご参照ください．

コラム

野球肘検診について
学童期の離断性骨軟骨炎に対する検診

1 検診の意義

　学童期の野球選手を診察すれば，小頭の離断性骨軟骨炎(OCD)や内側上顆障害などの野球肘，さらに上腕骨近位骨端線障害や腰椎分離症，膝のオスグッド・シュラッター病なども見つかる．OCD以外の障害は痛みなどの症状を伴うことが多く，症状が出たときに外来受診をすれば手遅れになることはない．OCDの初期は自覚症状に乏しいため，外来で早期例を発見することが難しい．そこで学童期の野球肘検診では，OCDを早期に見つけることを第1の目的としている．

> **ここがPoint!**
> 野球肘検診の目的は離断性骨軟骨炎の早期発見

　OCDの一般的な治療として初期(透亮期)と進行期前期(分離前期)には保存療法，進行期後期(分離後期)から終末期(遊離期)には手術治療が選択される．保存療法で治った症例と手術治療で治った症例の結果を比べると，保存療法で治った症例の方が形態的にも機能的にも明らかに良い．さらに病期別に保存療法の治癒率をみると，初期では90％以上だが，進行期になると50％に低下する．治る確率の高い初期で発見できるかどうかがその後の運命を大

表V-1　離断性骨軟骨炎の病期と発見法

	透亮期	分離期	遊離期
検診群 (99人)	94 94.9%	3	2
病院群 (206人)	62 30.1%	54 26.2%	90 43.7%

(徳島大学の調査(1991年)より)

きく左右する．表V-1は検診と病院受診で発見したOCDの病期別割合を示したものだが，検診群のほうに早期例が多いことがわかる．

2 検診の実際と注意点

徳島県では1981年から小学生野球選手の県大会時に，県下全ての小学生野球選手を対象に検診を行っている．30年間で実施方法の変遷があったが，現在実施されている方法をもとに検診の実際を示す(図V-5)．

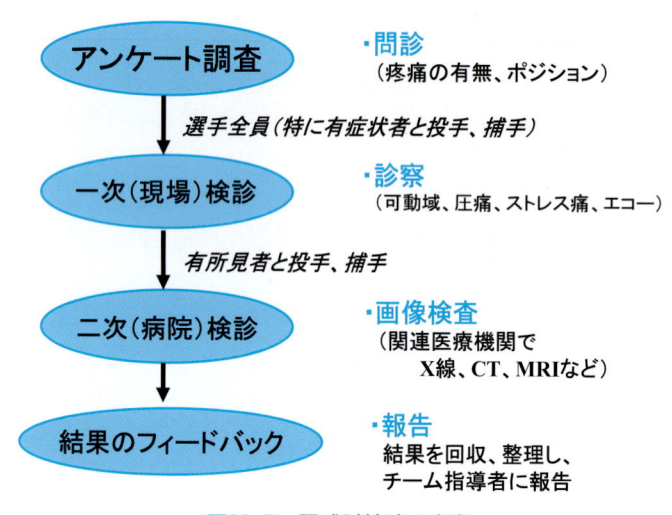

```
アンケート調査  ・問診
       │      （疼痛の有無、ポジション）
       │ 選手全員（特に有症状者と投手、捕手）
       ▼
一次(現場)検診  ・診察
       │      （可動域、圧痛、ストレス痛、エコー）
       │ 有所見者と投手、捕手
       ▼
二次(病院)検診  ・画像検査
       │      （関連医療機関で
       │       X線、CT、MRIなど）
       ▼
結果のフィードバック ・報告
               結果を回収、整理し、
               チーム指導者に報告
```

図V-5　野球肘検診の実際

検診の対象者

主に小学5〜6年生をターゲットとする．この年齢層では成長の早い子どもと遅い子どもがいるため，対象を小学4年生からに広げてもよい．

アンケート調査（問診票）

全員に問診票を配り，各自で記入する．図V-6は問診票の例であるが，問診では学年，野球歴，練習時間，ポジション，痛みの有無等について尋ねる．痛みの有無は現在だけでなく，これまでの痛みの有無も聞く．ポジションも現在だけでなく，これまでに経験したすべてのポジションを記入してもらう．特に投手や捕手の経験の有無は重要な要素になる．

検診スタッフ

検診に関わるスタッフは当初は医師が大半であったが，近年ではこうした活動に興味のある理学療法士，柔道整復師，アスレティックトレーナーなどの割合が増えている．検診の意義や実際の診察のやり方について共通認識を

少年野球選手問診用紙

このアンケートは、少年野球でがんばっている皆さんの健康(けんこう)を考えるためのものです。まじめに、きちんと記入(きにゅう)してください。わからないところは、監督(かんとく)さんか保護者(ほごしゃ)に聞いて記入してください。当てはまるところはすべて√ をつけてください。

チーム名:＿＿＿＿＿＿＿＿　学校名:＿＿＿＿＿＿小学校

ふりがな
氏名:＿＿＿＿＿＿＿＿　学年:小学＿＿年

質問1　身長(しんちょう)は何 cm ですか　＿＿cm

質問2　体重(たいじゅう)は何 kg ですか　＿＿kg

質問 3　小学何年生の何月から野球をはじめましたか　＿＿年生　月

質問4　投球(とうきゅう)は右投げですか、左投げですか　＿＿投げ

質問5　野球の練習日と時間はどのくらいですか(冬はのぞく)

練習日(√をつけてください):　□月、□火、□水、□木、□金、□土、□日

練習時間　月曜日～金曜日　＿＿時間

土曜日　＿＿時間

日曜日　＿＿時間

質問6　今までのポジションと今のポジションに√ をつけてください。
複数のポジションを持っている場合はすべてに√ をつけてください。

ポジション	ピッチャー	キャッチャー	ファースト	セカンド	サード	ショート	外野	ひかえ
2年生								
3年生								
4年生								
5年生								
6年生								

質問7　ピッチャーをしたことのある人は答えて下さい
1)全力投球は 1 週間に何球くらいですか(キャッチボールをのぞいて)＿＿球
2)1 日 2 試合投げたことがありますか　√ をつけてください
□はい　□いいえ

裏にも質問があります　がんばって答えて下さい！！

質問8　からだのどこかにいたいところがあれば√ をつけてください(複数に√可能)
今いたくなくても、前にいたかった場合も√ をつけてください
1　肩(かた)□　2　肘(ひじ)□　3　腰(こし)□
4　膝(ひざ)□　5　かかと □　6　足、足首 □
7　手、手首 □　8　その他 □＿＿＿＿
現在、いたいところがあり病院や接骨院にかかっていますか
□いいえ　□はい　(＿＿＿＿病院、接骨院)

質問9　質問8で肘(ひじ)に√ をつけた人は答えて下さい
1)　□ 今はいたくないが、前にいたかった
2)　□ 投げる前にいたいが投げ始めるといたくなくなる
3)　□ 投げているときいたくないが練習がおわってからいたくなる
4)　□ いたみがずっとある
5)　□ その他　(＿＿＿＿)

質問10　肘(ひじ)のいたみがあったところに√ をつけてください
1)　□ ひじの前
2)　□ ひじのうしろ
3)　□ ひじの内側(うちがわ)
4)　□ ひじの外側(そとがわ)

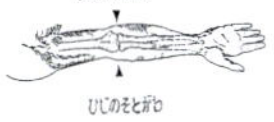

質問11　肘(ひじ)のいたみがあるときだれかに知らせましたか　√ をつけてください
1)　□ だれにも知らせなかった
2)　□ かんとくに知らせた
3)　□ 親に知らせた
4)　□ 親またはかんとく以外の人に知らせた(兄弟、友達、いとこなど)

質問12　肘(ひじ)のいたみがあるとき投げることを休みましたか
1)　□ 投げることを休んだ
2)　□ ポジションを変えた　例(投手)→(一塁手)(　　)→(　　)
3)　□ 休まなかった

質問13　肘(ひじ)のいたみで投げることを何日休みましたか
1)　□3日以内
2)　□4～7日
3)　□8～14日
4)　□15～30日
5)　□30日以上

質問14　中学でも野球を続けますか　√ をつけてください
□ はい　□いいえ　□わからない

図V-6　アンケート調査(問診)

アンケート調査では，学年，野球歴，練習時間，ポジション，痛みの有無について尋ねる．

持つ必要があり，検診前に参加予定スタッフを対象に講習会を開く．

一次検診

一次検診では肘の可動域制限，圧痛，外反ストレス痛のチェックと超音波検査を行う．理学検査の詳細は「第Ⅲ章 1. -②肘の理学所見の取り方」を参照のこと．超音波検査では両肘の上腕骨小頭の異常の有無を前方と後方走査のそれぞれを短軸，長軸の 2 方向でチェックする．

二次検診

二次検診の対象となるのは理学所見や超音波検査で異常がみられた選手である．一次検診受診者の約 4 割程度に相当する．対象者の医療機関への診療情報提供書(紹介状)を作成し(図V-7)，保護者や代表者，チームの指導者に渡す(または後日郵送)．特に超音波検査で離断性骨軟骨炎が強く疑われた選手に対してはその場で結果と精密検査や治療の必要性を十分に説明し，診療情報提供書を手渡す．

```
            紹介状（受診券）

チーム名＿＿＿＿＿＿＿＿＿＿＿　　名前＿＿＿＿＿＿＿＿＿＿＿＿

外来担当医先生　御侍史
　上記患者さんは少年野球検診の結果，下記の障害が疑われますので，レントゲン撮影等のご精査をお
願いいたします．なお精査依頼部位以外の診察を希望する場合には，ご対応をお願いいたします．御高
診のうえ，病状説明，ご加療をお願いいたします．

　障害名　　　1．野球肘
　　　　　　　2．野球肩（上腕骨近位骨端線障害）
　　　　　　　3．膝伸展機構障害（オスグッド病，ラルセン病，分裂膝蓋骨）
　　　　　　　4．踵骨骨端症
　　　　　　　5．腰椎骨軟骨障害（腰椎終板障害，腰椎分離症）
　　　　　　　6．その他＿＿＿＿＿＿＿＿＿＿＿＿＿＿＿
　レントゲン撮影法
　　　　1．　　　両肘（45°屈曲位正面，側面）
　　　　2．　　　両肩（正面，挙上位）
　　　　3．　　　両膝（正面，側面，軸射）
　　　　4．　　　両踵骨（側面，軸射）
　　　　5．　　　腰椎（正面，側面，両斜位）
　　　　6．　　　その他＿＿＿＿＿＿＿＿＿＿＿＿＿
```

図Ⅴ-7　紹介状

　一次検診で身体所見や超音波検査で異常のみられた選手に二次検診を勧める紹介状を作成する．

　二次検診では近隣の医療機関でX線検査を主体とした画像検査を行う．せっかく一次検診で離断性骨軟骨炎の疑い例を拾い上げても，二次検診の医療機関で正確な診断がなされなければ意味がない．信頼できる医療機関を選ぶ必要がある．X線撮影法とその後の対応についてマニュアルを送付して統一を図ることも必要である．3カ月の二次検診期間の後に協力医療機関から結果を回収し，報告書をチームの指導者に郵送する．

ここがPoint!

スタッフの育成，信頼できる医療機関との連携

3 超音波検査の有用性

　初期では自覚症状にも他覚所見にも乏しいため，問診と理学所見だけでは多くの症例を見逃すことになる．検診に超音波検査を導入するようになってから，より確実に初期の離断性骨軟骨炎をピックアップできるようになった．超音波検査装置の精度が上がり，また小型・軽量化されたことで，現場検診

で用いることができるようになった．徳島では2007年から携帯型超音波診断装置を検診に導入したが，導入前に比べて離断性骨軟骨炎の発見数が2倍になった．その場で保護者や指導者に超音波画像をみてもらうことにより，二次検診受診率も上がるという効果がみられた．

> ここが **Point!!**
> ## 野球肘検診では超音波検査は必須のアイテム

図V-8　一次検診の実際

　図V-8は徳島の大会現場における一次検診の実際であるが，現在では全国各地で様々な野球肘検診が行われるようになった．検診対象者数，費用(無料，有料)，場所(グラウンド，体育館，病院など)，時期(大会中，オフシーズン期，常時など)など様々な問題があり，それぞれの地域に応じた形での検診を行うことが重要である．今後は乳癌や子宮癌検診のように，全国的に長期継続できる検診システムを構築する必要があり，受益者負担の導入や国や自治体の支援も求めていく必要がある．

野球ヒジ診療ハンドブック─肘の診断から治療，検診まで─

V．離断性骨軟骨炎の病態と治療
2．離断性骨軟骨炎の画像検査

①単純X線とCT

1 OCDの病期と画像診断

　離断性骨軟骨炎（OCD）の画像診断には単純X線，CT，MRI，エコーが用いられている．それぞれの検査の特徴を理解し，目的に応じた検査法を選択する必要がある．表V-2にその特徴をまとめた．各検査には長所・短所があり，各病期の診断目的に応じた機器を選択，併用することが大切である．

表V-2　OCDの病期と画像検査の意義

	初期	分離期	遊離期
単純X線 （tangential像）	骨塩量が50%以上低下した変化は捉えることができる	読影に熟練を要し，普遍性に欠ける	遊離体の局在の把握に限界あり
エコー	下骨表層ラインの不整や破断を捉えることができる	下骨表層ラインと分界層とのダブルライン	遊離体の動きを確認　動的評価が可能
MRI （3T/1.5T MC）	敏感に病巣を捉えるが，浮腫も拾う	分界層を詳細に把握できる	軟骨性の遊離体を確認できることがある
MPR-CT	骨塩量が20%以上低下すれば把握できる	下骨表層や分界層の評価可能	遊離体の局在を立体的に把握可能

2 単純X線

　一般的な正面・側面像の2方向撮影に加えて45°屈曲位正面像（tangential view）と30°外旋斜位像が有用である．大多数の離断性骨軟骨炎は上腕骨小頭の前方外側部から発生し，また上腕骨小頭は上腕骨の長軸に対して40〜50°前傾しているため，病変部の描出には45°屈曲位正面像が有用となる．撮影方法は図V-9のごとくである．図V-10に示すように同じ選手を同じ日に撮影方法を変えて撮ったX線像を比べると，45°屈曲位正面像では病変部を確認できるが，伸展位正面像では病変を見逃す可能性がある．両側撮影で左右を比較することでわずかな病変も見落とすことなく診断できる．側面像は病変部位の前後の位置を確認することができるが，滑車の骨端核が出てい

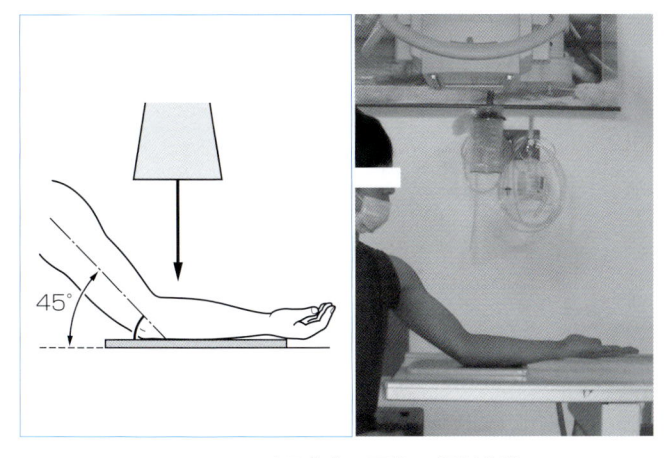

図V-9　45°屈曲位正面像の撮影方法

　肘関節を45°屈曲させて前腕を回外位にし（手のひらを上に向ける），前腕をカセッテにのせ，管球を上から当てるようにしている．

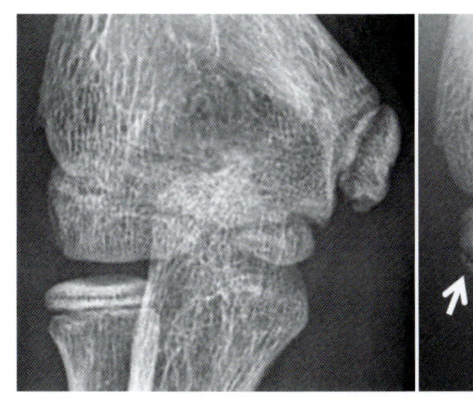

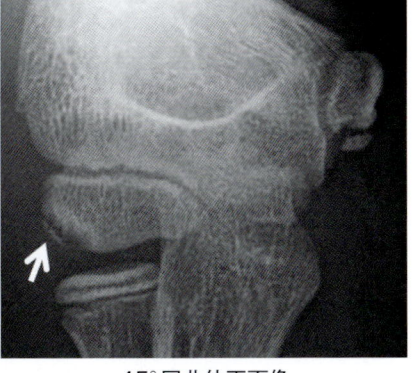

伸展位正面像　　　　　　　　　45°屈曲位正面像

図V-10　45°屈曲位正面像の有用性

　右図の45°屈曲位正面像では，小頭の外側寄りに透亮像（骨がなく，真黒に見える部分）があり，その外側に「下骨表層の殻」（線状の骨陰影，→）がみられ，左の正面像より病変が明らかである．

る年齢では小頭が滑車と重なるため障害部位が評価しづらい．そこで小頭の側面像の代用として用いられるのが30°外旋斜位像である（図V-11，12）．

　適切なX線を撮影することにより，離断性骨軟骨炎の診断，X線上の病期診断，治療経過の判定が可能となる．病期判定が異なれば治療方針が全く異なってくるため，正しく病期判定をすることはたいへん重要で，45°屈曲位正面像はその基本となる．しかし，病変部の詳細な評価や立体的な拡がりをみるには単純X線だけでは限界がある．

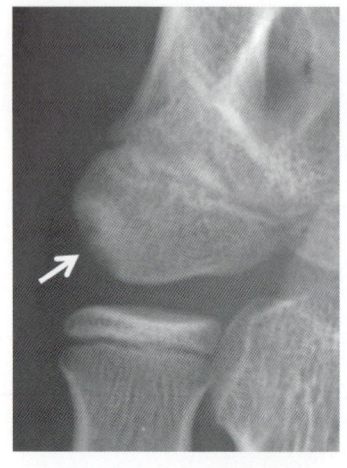

図V-11　30°外旋斜位像
病変部位（→）が明らかになっている．

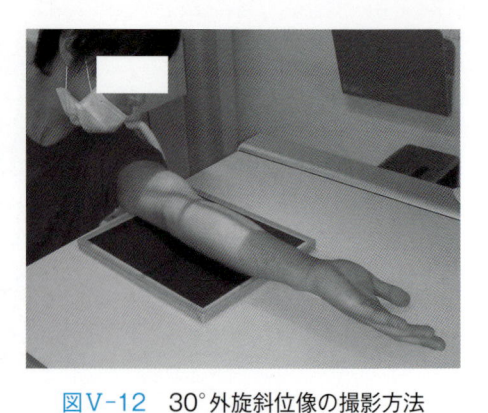

図V-12　30°外旋斜位像の撮影方法
肘関節を完全伸展させて前腕を回外位にし（手のひらを上に向ける），肘関節をカセッテにのせ，上肢全体を30°外旋位にして管球を上から当てるようにして撮影する．

> **ここが Point!**
>
> 単純X線の撮影は
> 45°屈曲位正面像と30°外旋斜位像が有用である

3 CT（computed tomography）

　X線では立体的な骨や関節を2次元の像として描出し，これを頭の中で立体的に再構成して病変の位置や拡がりを把握する．一方，CTでは熟練した読影能力や解剖の知識がなくても肘関節の立体構造を直接に視覚で捉えることができる．

3次元CT

　離断性骨軟骨炎において3次元CTの最大の利点は遊離体の診断である（図V-13）．単純X線でははっきりしないが，3次元CTでは肘頭窩に遊離体があるのがわかる．振り返って単純X線を見直すと僅かに遊離体らしき陰影を読むことができる．また図V-14に示すように腕橈関節後方の遊離体もその局在部位や個数が明らかとなる．遊離体摘出の手術をする前には必ずCTで確認し，術前計画を立てる必要がある．

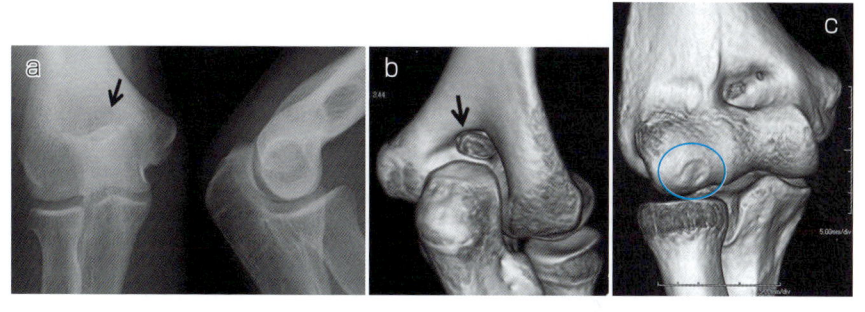

図V-13　3次元CTが有用な後方遊離体
単純X線では明らかな異常がないように思われるが(a)，3次元CTを撮ってみると一目瞭然，肘頭窩に大きな遊離体(→)があることがわかった(b, c).

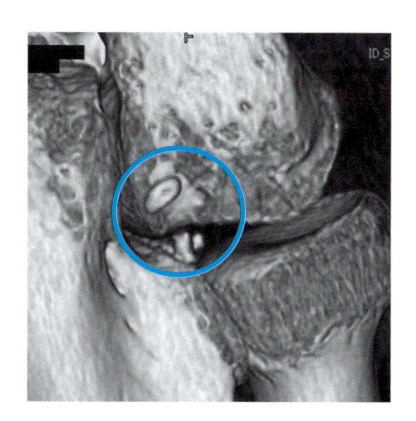

図V-14　3次元CTでみた腕橈関節後方の遊離体
腕橈関節後方の遊離体は砕けて数個になっていることがあり(○で囲んだ部分)，3次元CTが有用である.

再構成CT

　CTは任意の断面像を得ることができる．遊離体は関節の隙間にも存在し，特に腕尺関節にある遊離体は見つけ難い．任意の断面で見るCTが有用である(図V-15)．またCTは感度が良く，わずかな骨質の変化(骨塩量の20％以上の低下)も鋭敏に拾い出すことができ，単純X線では断定しにくい微細な病巣でも明瞭に捉えることができる．そして保存療法の経過判定でもCTは有用である．図V-16で，単純X線では初診時に比べて修復が進んでおり，投球復帰を許可してもよいように思われるが，CTでは修復が不十分であることがわかる．

2．離断性骨軟骨炎の画像検査　①単純X線とCT

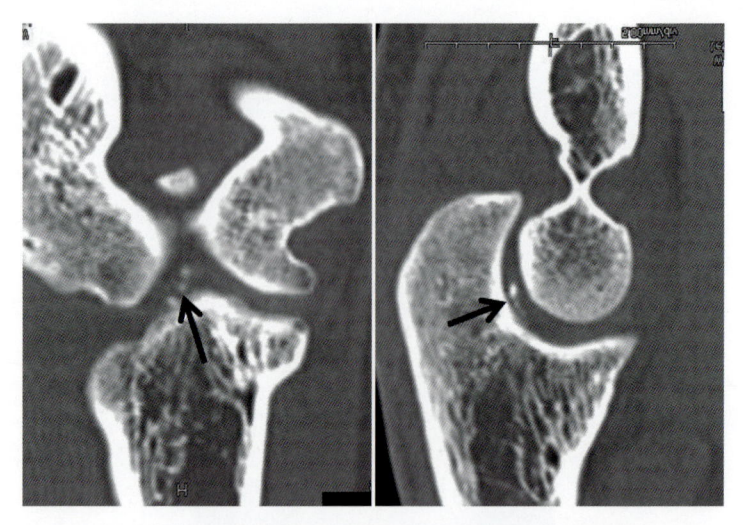

図Ⅴ-15　関節裂隙の遊離体の評価に有用な再構成CT
腕尺関節内にある遊離体(→)など，関節の隙間にある遊離体の診断には再構成CTが有用である．

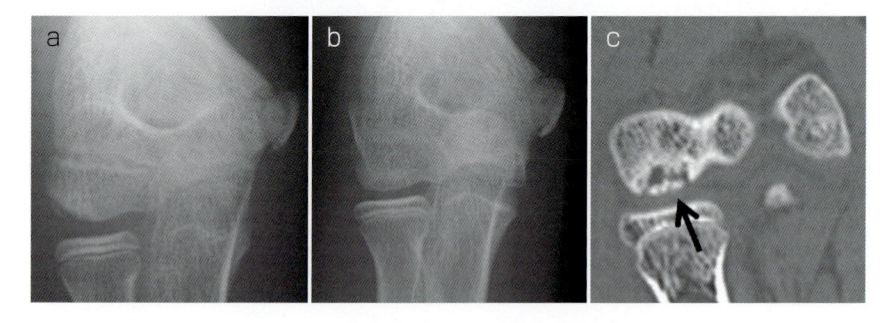

図Ⅴ-16　治療効果判定に有用な再構成CT
初診時(a)に比べ10カ月後(b)では単純X線でほぼ修復しているように思われるが，再構成CT(c)では修復が不十分(→)であることがわかる．

ここが Point!

遊離体の診断や微細な病巣の評価には
3次元CTや再構成CTが有用

この項目の詳細は書籍「肘実践講座　よくわかる野球肘　離断性骨軟骨炎」の第Ⅴ章「画像で見る，診る　1．画像で何を見るか，何を知るか，2．単純X線，CTの意義と実際」(p.56〜74)をご参照ください．

野球ヒジ診療ハンドブック―肘の診断から治療，検診まで―

Ⅴ．離断性骨軟骨炎の病態と治療
2．離断性骨軟骨炎の画像検査
②超音波検査で何を診るか

1 学童期の肘の正常エコー像（図Ⅴ-17）

　小頭の軟骨下骨板は滑らかな細い線状の高輝度エコーを呈し，その下層の海綿骨は描出されない．関節を覆う関節軟骨は均質な無～低エコーに描出される．若年者の軟骨は厚いが，成長に伴い薄くなっていく．成長過程の子どもの肘では骨端線の部分で骨の高輝度ラインが途絶えて不連続に描出され，また滑車は骨化があまり進んでおらず，骨表面像が不整に描出される．関節は薄い線状高エコーの関節包で包まれ，関節内に高エコー均質な滑膜ヒダが描出される．

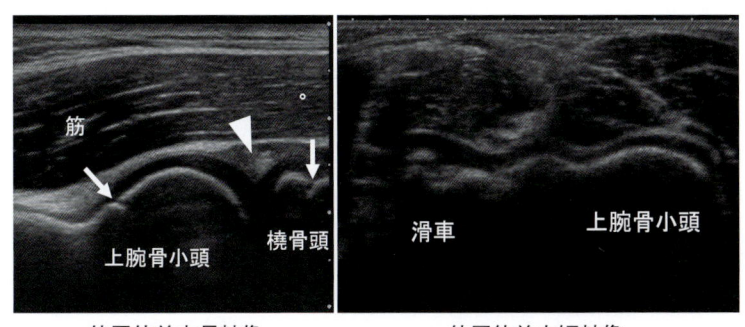

図Ⅴ-17　学童期の肘の正常エコー像
長軸像では骨端線による表層の不連続像（矢印）がみられる．
矢頭は滑膜ヒダ．短軸像では不整な滑車像がみられる．

ここが Point!

> 小頭の軟骨下骨板は滑らかな線状の高輝度エコーを呈し，その下層の海綿骨は描出されない

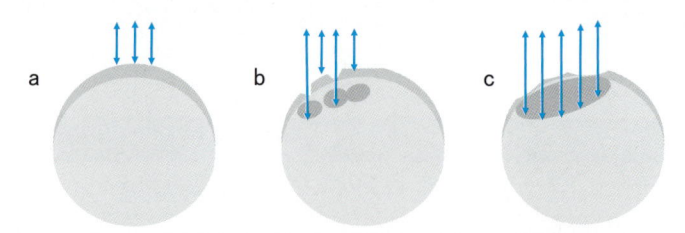

骨断面模式図：濃い灰色が軟骨下骨板を示している．青い矢印が超音波信号を示している．

図V-18　OCDの海綿骨が見える理由の解説図
a：軟骨下骨板の障害がないため超音波を反射して直下の骨は映らない．
b：軟骨下骨板の一部が障害され超音波が直下の骨まで進み，内部の像が描出される．
c：軟骨下骨板の障害が進行し広い範囲で超音波が骨内部へ進み，障害された海綿骨の性状が映し出される．

2 上腕骨小頭離断性骨軟骨炎に対する超音波検査の有用性

　超音波は骨と軟骨，周囲の軟部組織を総合的に評価できる検査法である．そしてその高い分解能から骨表面の僅かな変化を捉えることができる．特に離断性骨軟骨炎の重要な観察ポイントである軟骨下骨板とその直下の海綿骨の質的評価が可能である．前述したように正常な骨の場合は骨の表面しか描出されないが，離断性骨軟骨炎では破壊された軟骨下骨板を超音波が通過するため，直下の海綿骨の状態も捉えることができる（図V-18）．また，肘を動かしながら骨片の動きの有無を観察することや，炎症によって増殖した滑膜の血流評価も可能である．さらに非侵襲的であるため，小児に対しても安心して繰り返し検査することができる．ポータブル検査機器もあり，スポーツ現場での検診にも活用できる．

ここが Point!

- 超音波はX線やMRIより分解能が高い
- 離断性骨軟骨炎では，障害された軟骨下骨板を超音波が通過するため，直下の海綿骨の状態も捉えることができる

3 検査の実際

1. 検査を行うにあたっての基本的な注意点

プローブは乳腺や甲状腺などの体表臓器で使用する高周波のリニア型プローブを用いる．視野深度，フォーカス，ゲインを適正に設定し，明瞭な画像を得る．そして描出したい組織へ超音波ビームが垂直に当たるようにプローブの角度を微調整して鮮明な画像を得る必要がある．上腕骨小頭を見る場合は球状の形を意識してプローブを操作する．

2. 上腕骨小頭 OCD のスクリーニング法

肘関節伸展位だけでは後方部の病変を観察することができない．小頭の全体を評価するためには必ず伸展位前方と，最大屈曲位後方の両方から観察する．病変を見落とさないためには描出可能な範囲を端から端までスキャンするように心がける．離断性骨軟骨炎は非投球側にも発生することがあるため，必ず両側を観察する．

実際の検査手順は図V-19 の通りである．図V-20〜23 にプローブの位置，解剖の模式図，エコー画像を示す．

3. 発見のための観察ポイント

軟骨下骨板の線状高輝度ラインとその直下の海綿骨エコー像の変化を観察する．通常，離断性骨軟骨炎は小頭の外側から発生するため，小頭の辺縁部分は特に丁寧に観察する（図V-24）．

4. 離断骨軟骨片の動揺性を判断する方法

病巣部の骨軟骨片の不安定性を判断するために肘の屈曲・伸展，前腕の回内・回外の動的検査を行い，骨軟骨片の動きを観察する（図V-25）．

```
伸展位前方アプローチ短軸像
滑膜・軟骨および軟骨下骨表層（上腕骨小頭・滑車）
        ↓
伸展位前方アプローチ長軸像
滑膜・軟骨および軟骨下骨表層（上腕骨小頭・橈骨頭）
        ↓
最大屈曲位後方アプローチ長軸像
滑膜・軟骨および軟骨下骨表層（上腕骨小頭・橈骨頭・滑車）
        ↓
最大屈曲位後方アプローチ短軸像
軟骨および軟骨下骨表層（上腕骨小頭・滑車）
```

図V-19　肘関節 OCD の検査手順

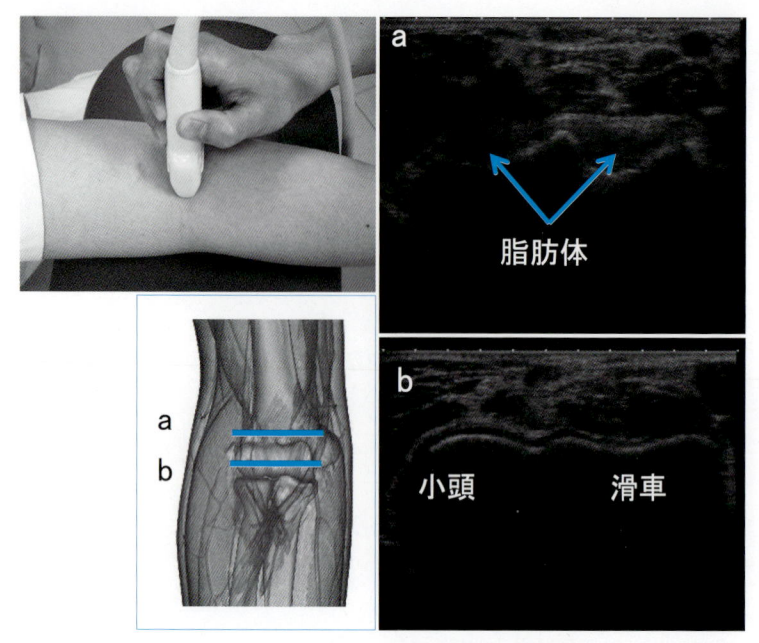

図V-20　伸展位前方アプローチ短軸像

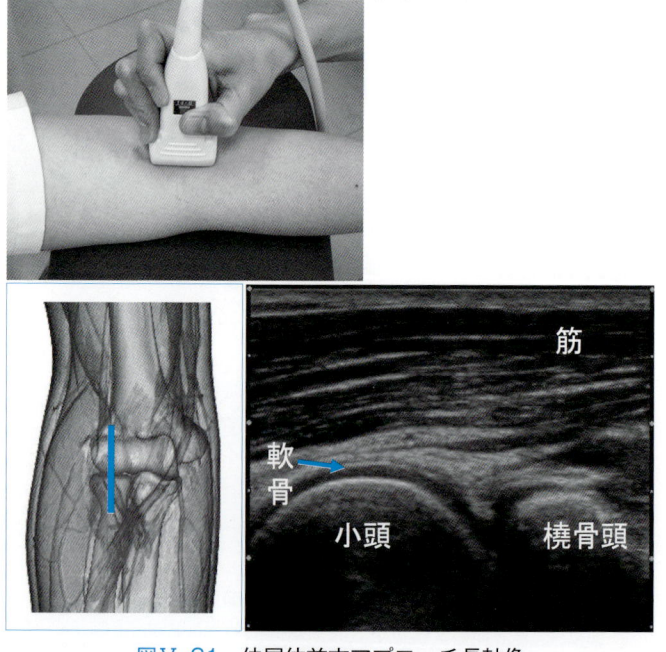

図V-21　伸展位前方アプローチ長軸像

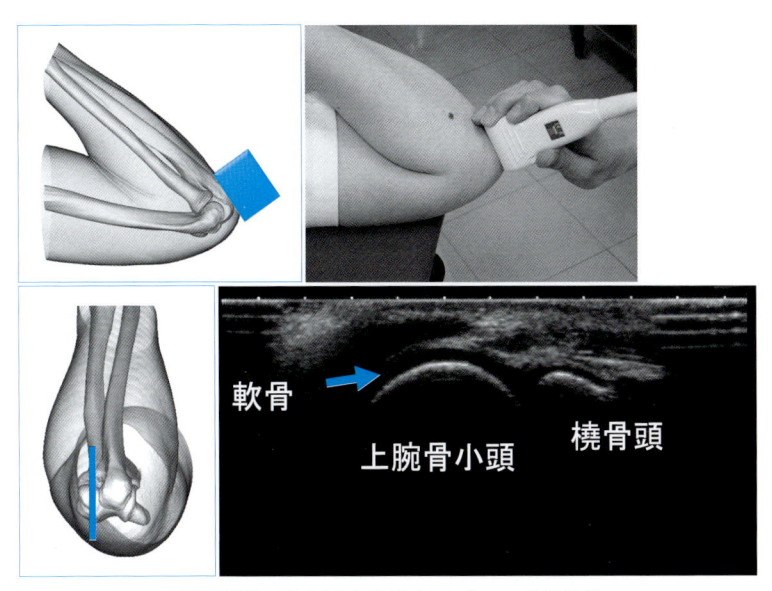

図Ⅴ-22　最大屈曲位後方アプローチ長軸像

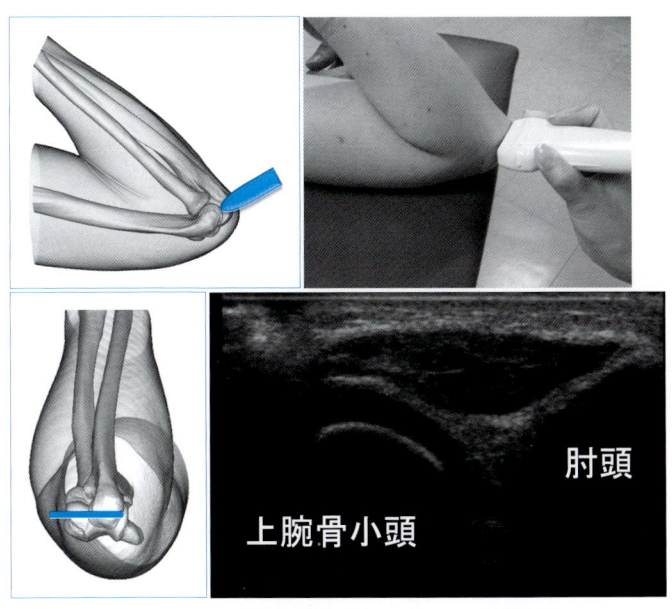

図Ⅴ-23　最大屈曲位後方アプローチ短軸像

２．離断性骨軟骨炎の画像検査　②超音波検査で何を診るか

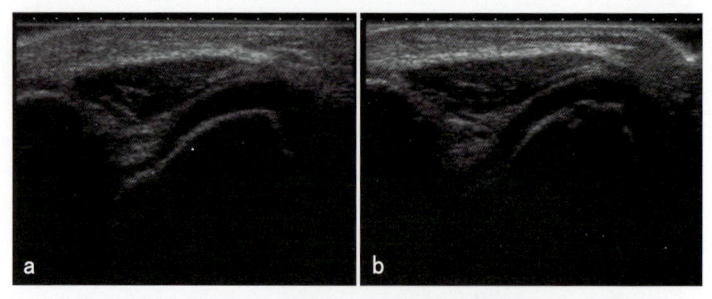

図V-24　OCD の初期像　最大屈曲位後方短軸像：左肘
a は初回の野球肘検診時の小頭像で異常はみられない．b は7カ月後の2回目の検診時で小頭の外側に病変を認める．

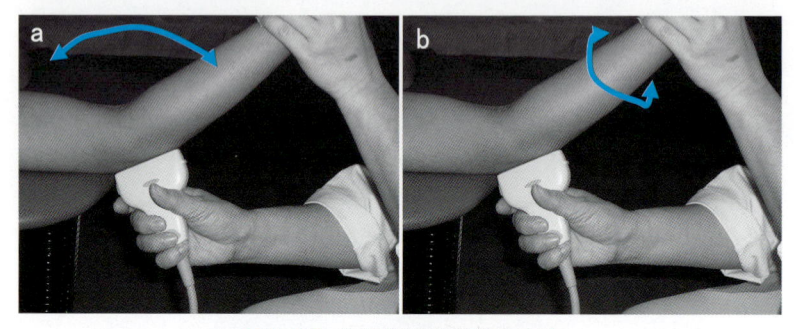

図V-25　肘関節の動的検査方法
①プローブを後方から当てながら肘の屈曲・伸展を繰り返す方法(a)
②手首を持ち前腕を回転させ橈骨頭に回転動作を加える方法(b)
③上記 a，b の2つの動作を組み合わせて同時に行う方法

5．遊離体の存在を疑う場合

最大屈曲位後方から滑車と肘頭窩を観察し，骨片の有無を確認する(図V-26)．しかし，超音波検査ではみえないところに遊離体が存在する場合もあり，CT などの関節全体を網羅できる画像検査で確認する必要がある．

ここが **Point!**

- スクリーニングは肘関節伸展位前方と最大屈曲位後方の両方から観察する
- 初期病変を見落とさないように外側辺縁部分は特に丁寧に観察する

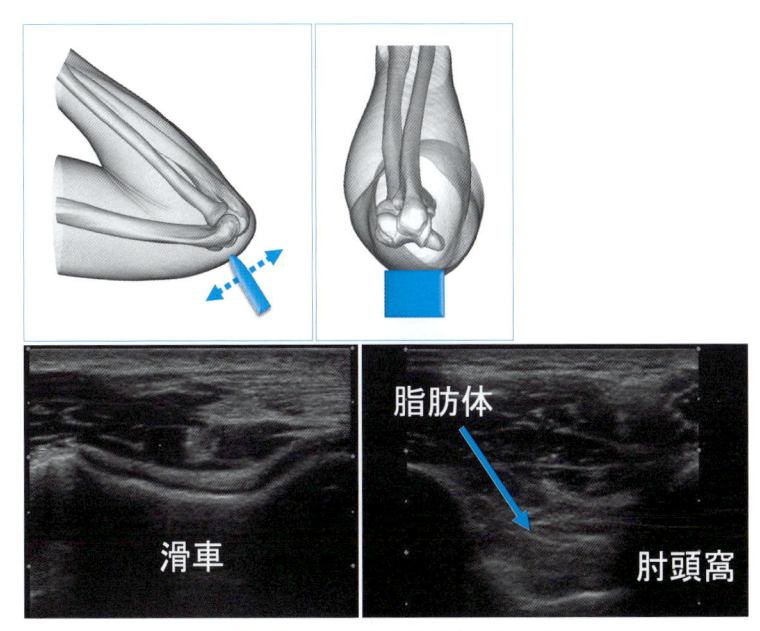

図V-26　最大屈曲位後方短軸走査

4 病巣の評価，病期分類

1．病巣の質的評価について

病巣の質的評価については以下の5つの点について観察する（図V-27）.

①軟骨下骨ラインの輝度と連続性
②海綿骨の障害部分の輝度と均質性
③分界層ラインの輝度と範囲
④骨軟骨片の動揺性，骨片の位置（軟骨下にあるか軟骨外にあるか）
⑤病巣の大きさ（縦・横・深さ）

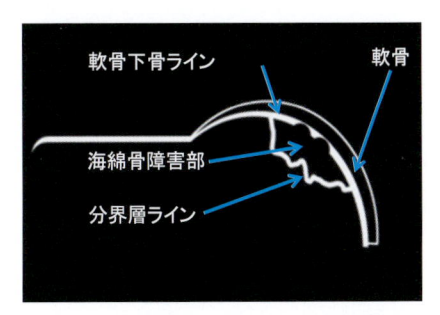

図V-27　評価のポイント　長軸像模式図

	a	b	c
Stage S			
Stage I			
Stage II			
Stage III			

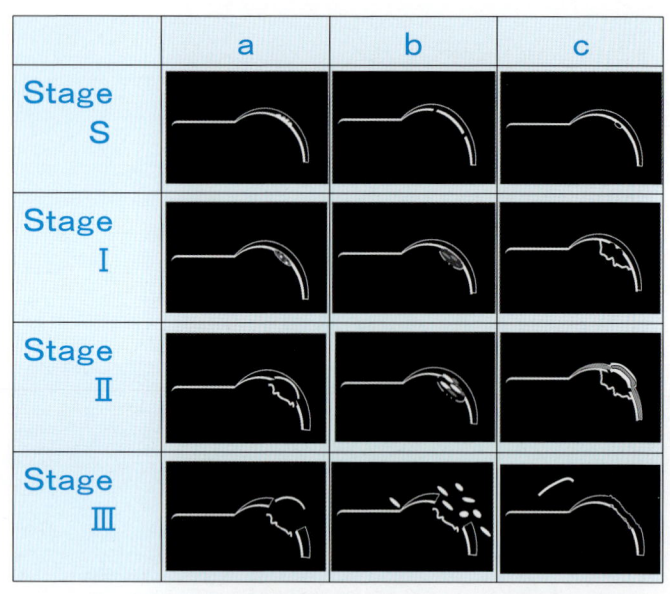

図V-28　病期分類(Version 3, 2013)

2．病期分類(図V-28)

　石崎は超音波による病期分類を作成している．ステージを大きく4期に分類し，さらにそれぞれを3期に細分した．

　Stage S(special)：変化が軟骨下骨板表層にとどまり，その1回の画像所見だけでは離断性骨軟骨炎の初期変化か，修復過程の一時期であるのか，修復完了後の残存した変形であるのか，または骨化進行過程における一時的な変化であるのか判断ができない．

　Stage I：所見が軟骨下骨板表層だけではなく，直下の海綿骨組織まで及んでいる場合で，離断性骨軟骨炎の初期(透亮期)と診断できる．Stage I-cは分離初期に移行途上に相当する．

　Stage II：病変部の軟骨下骨板のラインが健常部から逸脱しているが，軟骨層は保たれている場合で，分離期から遊離巣内期に相当する．Stage II-cは遊離巣外期に移行するところである．

　Stage III：遊離巣外期である．

　それぞれの分類の詳細は図V-29〜32を参照のこと(この分類を野球肘検診に利用する場合には細分類にこだわらず，Stage SからStage IIIまでの4段階に分類できればよい)．

Stage Sa

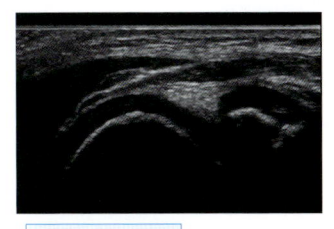

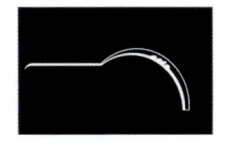

後方長軸像

軟骨下骨ラインの不整像

- 治癒後の変化なのか、極めて早期のOCDかの判断ができない
- 病変の位置が重要である

Stage Sb

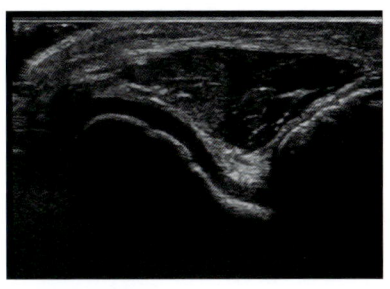

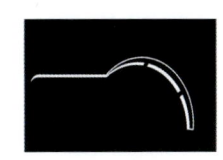

後方短軸像

軟骨下骨ラインの不連続像

- OCDの治癒過程でよくみられる
- エコー上海綿骨の病変の有無は判断できない

Stage Sc

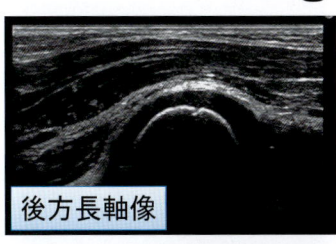

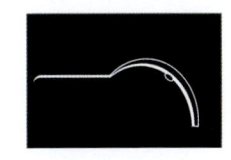

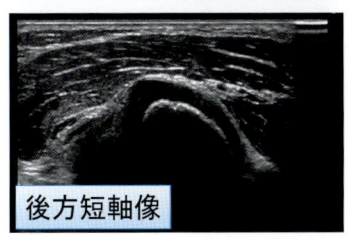

後方長軸像

後方短軸像

軟骨下骨表面の小斑点像

- 治癒過程像か、極めて早期のOCDか、骨化過程のバリエーションか、判断できない
- 病変の位置が重要である

図Ⅴ-29　Stage S

Stage Ⅰa

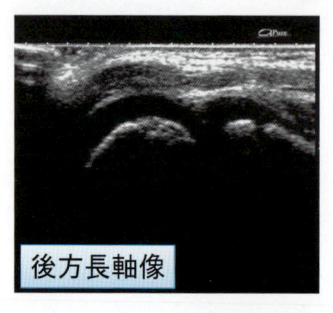

後方長軸像

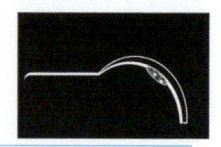

軟骨下骨ラインの不連続
海綿骨不均質像
不明瞭な分界層ライン

Stage Ⅰb

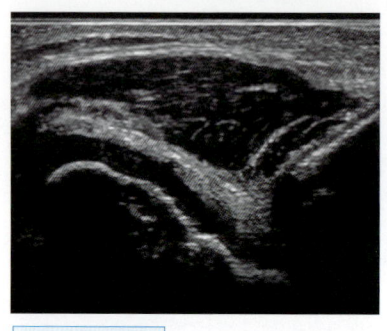

後方短軸像

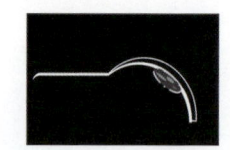

軟骨下骨ラインの不整と不連続
海綿骨低〜無エコー不均質
分界層ライン不明瞭

・治癒過程に多くみられる

Stage Ⅰc

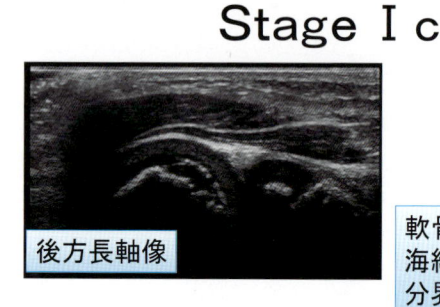

後方長軸像

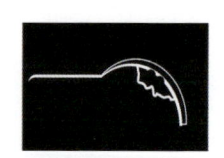

軟骨下骨ラインの不連続
海綿骨無エコー均質
分界層ライン明瞭

・Ⅱaとの鑑別が重要であるが困難なこともある
・動的検査で動かないことを確認

図Ⅴ-30　Stage Ⅰ

Stage Ⅱa

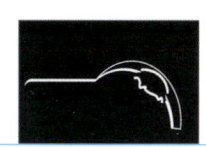

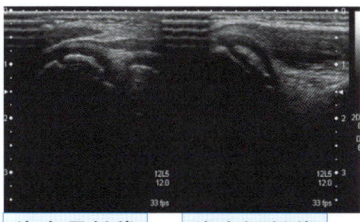

後方長軸像　後方短軸像

軟骨下で離断した状態
軟骨下骨ラインの連続性なし
海綿骨低〜無エコー不均質
分界層ライン不明瞭

- 動的検査で軟骨下での動きが確認できれば確定できるが、動きが確認できない場合はⅠcとの鑑別が困難
- 長軸・短軸像で病巣の軟骨下骨ラインの周囲との連続性が全くなければ、Ⅱaを疑う
- OCDの治癒過程でよくみられる

Stage Ⅱb

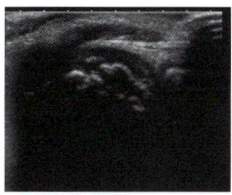

後方長軸像

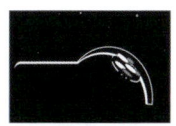

軟骨下で複数の骨片が離断した状態
軟骨下骨ラインの連続性なし
海綿骨低〜無エコー不均質
分界層ライン不明瞭

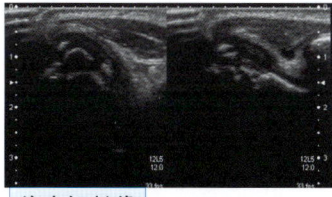

後方短軸像

- Ⅰcの経過観察の中でみられる
- 動的検査で軟骨下での動きが確認されれば確定できる。
- 小さな骨変が複数存在するためⅡaよりは判断しやすい

Stage Ⅱc

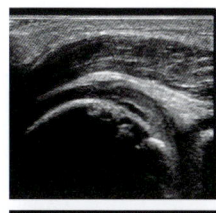

- Ⅰcとの鑑別が重要
- 動的検査で動きを確認

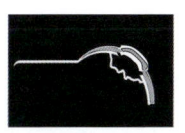

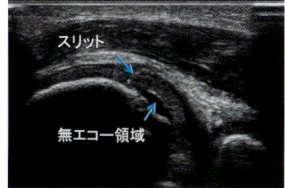

スリット
無エコー領域

軟骨下骨ライン連続性なし
海綿骨無エコー均質
分界層ライン明瞭
軟骨の膨隆と高エコー化
軟骨に高エコーのスリット
軟骨と軟骨下骨ラインの間に無エコー領域

後方長軸像

図Ⅴ-31　Stage Ⅱ

2. 離断性骨軟骨炎の画像検査　②超音波検査で何を診るか

Stage Ⅲa

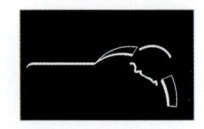

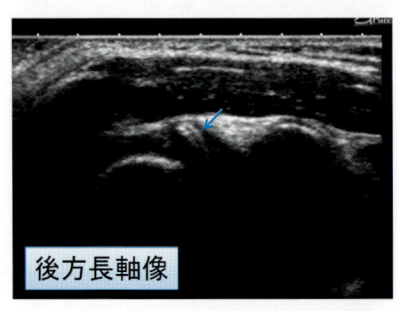

関節軟骨の破断
遊離骨軟骨片

後方長軸像

・動的検査で動きを確認

図Ⅴ-32 Stage Ⅲ

5 超音波による経過観察

　超音波は放射線被曝なく繰り返し検査が可能であり，治療方針をタイムリーに決定することができる．その分解能の高さからX線よりも早期に変化を捉えることができ，修復または悪化状態を評価することができる．経過観察時も軟骨下骨板とその直下の海綿骨の修復状況に着目する．ここで注意が必要なのは，軟骨下骨板が修復した時点でこの表層で超音波が反射されるため直下の海綿骨にはもはや超音波は届かず，海綿骨障害部の評価はできなくなる．最終的な治癒の判断にはX線やCT検査が必要である．

ここが Point!

- 超音波検査は発生早期の病変の評価に有用である
- 超音波診断にも限界があり，軟骨下骨板が修復すると海綿骨の評価はできない

　この項目の詳細は書籍「肘実践講座　よくわかる野球肘　離断性骨軟骨炎」の第Ⅴ章「画像で見る，診る　4．エコー検査の意義と実際」(p.93～117)をご参照ください．

コラム

検診と健診，メディカルチェックとの違い

　「検診」と「健診」はいずれも"けんしん"と読み，内容も似ていることから混同されることが多い．「健診」は健康診断の略で，英語で言えばhealth (medical) checkupであり，身体のどこかに悪いところがないかを検査することである．一方，「検診」はある特定の疾患にターゲットをしぼって罹っているかどうかを調べることで，英語ではmedical screeningという．胃癌検診，乳癌検診，子宮癌検診，側弯症検診など，特定の疾患に焦点を当てて行う．

　さらにメディカルチェック（和製英語）という言葉もよく混同されやすい．これは選手の障害を見つけるというよりはアライメント（上肢や下肢の軸）や筋肉の柔軟性，関節の弛緩性，心肺機能など選手の身体特性を調べるものである．それによって競技への向き不向き，また障害を起こしやすいかどうかがわかる．詳しく調べるので障害や疾患が見つかることは多い．検診は多くの選手を短時間に診る必要があり，手際よさと正確さが要求される．メディカルチェックは一人にかける時間が数十分から数時間，時には数日に及ぶこともある．

ここが **Point!**

健診は健康診断，検診は疾患や障害のスクリーニング

V. 離断性骨軟骨炎の病態と治療
2. 離断性骨軟骨炎の画像検査
③ MRI で何を診るか

1 病態評価に有効な MRI の撮像コントラスト

1．T1 強調像
　脂肪は高信号に描出されるため骨髄が高信号に描出される．皮質骨，軟骨，関節液共に低信号に描出されるため，肘関節の MRI 診断においては，骨折や腫瘍以外の評価における有用性は高くない．

2．プロトン強調像（PD 像）
　脂肪が高信号である点は T1 強調像に似ているが，軟骨，軟骨下骨板，関節液のコントラストが異なり，それぞれを分離して描出可能であることから，形態学的な評価には最も重要なシークエンスである（表V-3）．信号強度が高いため高分解能の撮像が可能なことも有利である．

3．脂肪抑制 T2 強調像（FST2 像）
　水を高信号に描出することから，関節液，骨髄浮腫などを敏感に検出し，病変描出の感度，特異度ともに最も高い検査法である．関節液は強い高信号，

表V-3　MRI シークエンスの特徴

	T1	T2	PD	T2*	FS T1	FS T2	FS PD
水	low	high	やや high	high	low	high	
脂肪	high	high	high	やや high	low	low	
硝子軟骨	low	やや low	やや high（水よりは low）	やや high			
軟骨下骨板（皮質骨）	low	low	low	low			
線維軟骨				low			
OCD			◎			◎	

　T2，PD どちらでも組織の区別は可能だが，PD が T2 より画質が良い．（信号雑音比 SNR（signal-to-noise-ratio）が高い．）
　T2* が昔は主流だったが，現在は撮像時間が短くなり，コントラストの違いの明瞭な PD が主流となり組織の判別が可能になった．

滑膜は中程度高信号に描出されるため，分界層（離断骨軟骨片と母床の間隙）に関節液や滑膜・肉芽組織浸入があるかどうかがある程度判定可能となる（表V-3）．脂肪抑制されているため骨髄は低信号となり，軟骨，軟骨下骨板も比較的低信号に描出されるため，詳細な形態学的評価には向かない．

4．T2強調像

脂肪が比較的高信号に描出され，形態学的な把握はしやすいが，正常骨髄と病変部とのコントラストは低下するため，病変描出の感度という点からは，脂肪抑制T2強調像ほど有用ではない．

5．T2*強調像（T2*像）

骨や線維軟骨を低信号に，硝子軟骨を中程度高信号，関節液を高信号に描出する．プロトン強調像と同様の傾向があるが，各組織の分離がプロトン強調像ほど明瞭ではない．比較的高速に高分解能に撮像できる点，信号雑音比（SNR）が良い点，骨の描出に優れ剝離骨片の検出が良い点が特徴である．

> **ここが Point!**
> 1）軟骨，軟骨下骨板の形態学的詳細評価には
>   プロトン強調像
> 2）骨髄浮腫や分界層の評価には
>   脂肪抑制T2強調像

2 撮像断面と病態評価

1．冠状断像（coronal）

肘関節の全体の評価に有用であり，側副靱帯損傷の評価にも欠かせない．ただし，上腕骨小頭は斜めにスキャンされるため，partial volume effect（部分容積効果）によって病変は不明瞭化しやすくなる．

2．矢状断像（sagittal）

上腕骨小頭を良好に描出するため，最も重要な撮像断面である．滑車部や肘頭の評価もしやすい．

3．横断像（axial）

肘関節の全体的な評価に有用であるが，特に周囲筋肉や血管，神経との関係が明瞭に描出される．また上腕骨小頭の最外側部の評価がしやすい．

> **ここが Point!**
> 1）上腕骨小頭の評価には矢状断像が有用
> 2）最外側部の評価には横断像が有用

3 野球肘の推奨撮像プロトコール

　撮像時間や機器の性能により異なるが，信号雑音比の良い3テスラMRIでは，30分の検査枠で下記のシークエンスが撮像可能である．

冠状断像：プロトン強調像（全体像，軟骨面），脂肪抑制T2強調像（側副靱帯損傷，骨端線損傷，骨挫傷，関節液貯留など），T2*強調像（靱帯の剝離骨片，軟骨下骨の変化）

矢状断像：プロトン強調像（OCD軟骨面を含めた形態），脂肪抑制T2強調像（OCD骨髄浮腫や関節液の浸入など）

横断像：プロトン強調像（小頭外側部の評価に有用）

　撮像時間は，1シークエンスで約3分と考え，上記6シークエンスで約18分となる．位置決めや患者入れ替え等が約10分と考え，合計30分以内で検査可能である．

4 画像評価のポイント

1．正常肘のMRI画像

　肘の解剖学的構造を理解した上で，さらに詳細に関節軟骨や軟骨下骨を観察する．骨は外殻と骨髄からできており，外殻には皮質骨，骨髄には海綿骨がある．関節部分では表面に硝子軟骨があり，その下に軟骨下骨板とよばれる薄い皮質骨様の骨があり，それに連続して海綿骨梁がある．

　PD像：前額面，矢状面像では，軟骨表面（図V-33-a，b-1，2黄矢頭）から軟骨層は筋肉と比較し等信号（iso）（図V-33-a，b-1，2白矢印⇔）で，軟骨下骨板と軟骨内の石灰化層は低信号（low）に描出される（図V-33-a，b-1，2青矢頭）．骨髄内は脂肪組織があるため高信号（high）（図V-33-a，b-1，2赤☆印）に，骨端線はlow-isoに描出される（図V-33-b-1，2白＊印）．関節液はやや highに描出される．このようにプロトン強調像では関節液，軟骨，軟骨下骨板，骨髄のすべてが分離同定可能となる．骨端線閉鎖後はlow-isoの骨端線が正常の骨髄に置き換わるが，軟骨，軟骨下骨板，骨髄の構造には大きな変化はない．

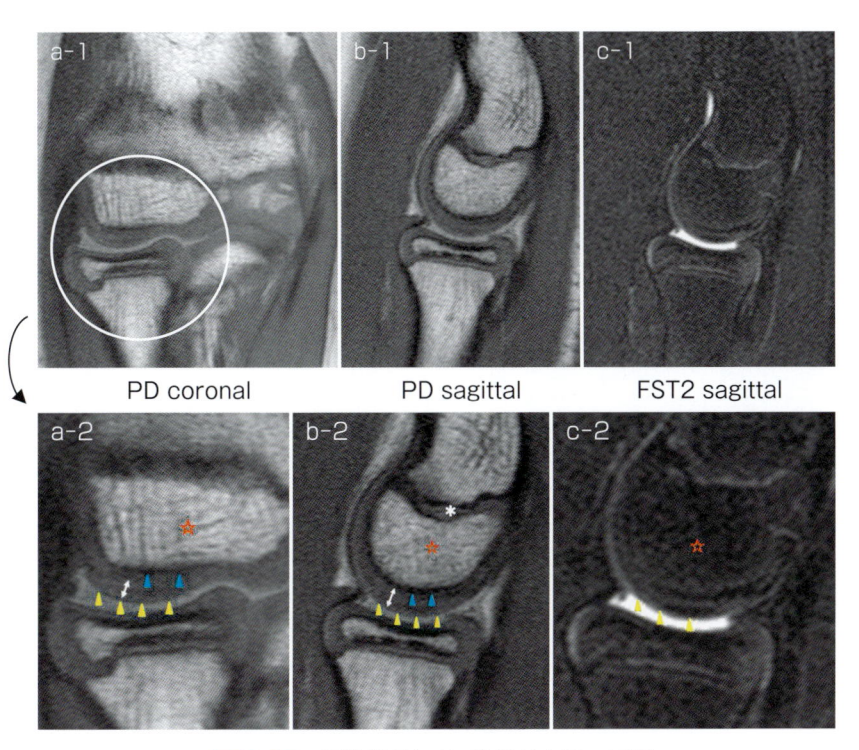

図V-33　骨端線開存の正常肘（11歳，男児）

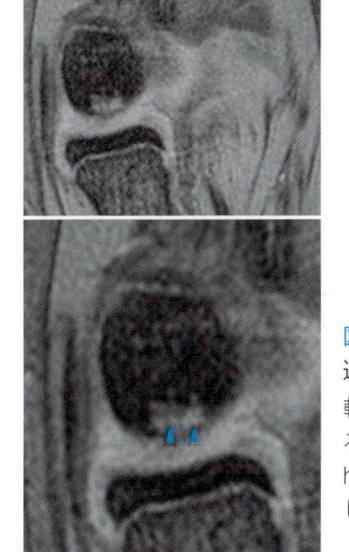

図V-34
透亮期のOCD　T2* coronal
軟骨下骨板の内側に高信号域（青矢頭）を認める．骨梁が破壊されて（壊死）浮腫を生じてhighに描出される．軟骨下骨板も輝度が少し高くなっている．

2．離断性骨軟骨炎の画像検査　③MRIで何を診るか

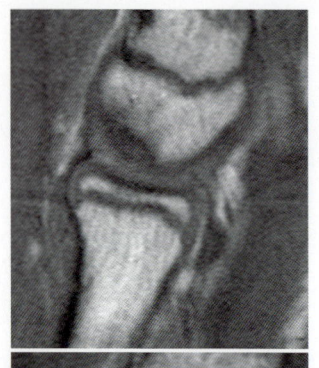

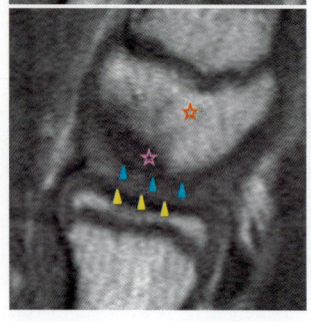

図V-35
透亮期のOCD　PD sagittal
・軟骨層(黄矢頭)：軟骨層isoの連続性はある
・軟骨下骨板(青矢頭)：low．連続性はある
・骨髄：正常骨髄内脂肪(赤☆)はhigh，壊死部はlow．(脂肪細胞の壊死：ピンク☆)

FST2強調像：矢状面像では，軟骨，軟骨下骨および骨髄はすべてlowに描出される(図V-33-c-1，2黄矢頭，赤☆印)ため分離できない．関節液のみhighに描出される．

2．上腕骨小頭離断性骨軟骨炎
1）初期(透亮期)

離断性骨軟骨炎の初期では骨塩量が50％以下にならないと単純X線で骨透亮像として認められないが，実際は単純X線で描出されるよりもかなり早い時期に病変は存在しているものと推測される．MRIは早期病変を高感度で描出できるという利点がある．

T2*像coronal：軟骨下骨板直下(内側)の骨髄に高信号を認める．これは骨梁が破壊，脱灰されたものを見ていると考えられる(図V-34)．また軟骨下骨板もわずかに輝度が高くなっている．

PD像sagittal：病巣部の骨髄にlowと辺縁に帯状低信号(low-band)様の所見(図V-35)が認められ，骨壊死巣を反映しているものと考えられる．軟骨層はisoに認められ，軟骨の不整や亀裂，軟骨下骨板の連続性の途絶はみられない．

FST2像sagittal：少量の関節液貯留がhighに描出される．軟骨下の骨髄には骨髄浮腫(bone marrow edema)を示す淡いhigh(図V-36)が認められる．軟骨面の亀裂は明らかではなく，関節液・滑膜の軟骨下骨への浸入は認めない．

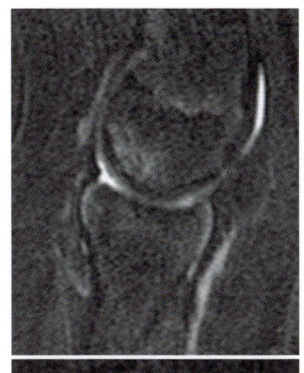

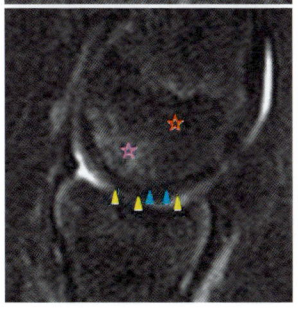

図V-36
透亮期の OCD　FST2 sagittal
・軟骨層(iso-low)：軟骨層(黄矢頭)の連続性はある
・軟骨下骨板(low)：青矢頭内部に水・滑膜の浸入は認めない
・骨髄：骨髄内脂肪(赤☆)は low.
　Bone marrow edema(ピンク☆)のため high を呈する

ここが Point!

> **MRI は離断性骨軟骨炎を早期に診断できる**

2) 進行期(分離期)

　PD 像で軟骨下骨に帯状低信号像(low-band)がみられ，離断部の骨髄層は骨・脂肪細胞の壊死を反映して iso に描出される．この帯状低信号像は分界層に一致する．分界層は母床と離断部との境界部分で，病変の最前線である．分離前期では軟骨層の連続性は保たれている(図V-37)．分離後期になると軟骨面に亀裂や剝離が生じ，関節液や滑膜の浸入による FST2 像での high が描出される(図V-38)．

　MRI に特に期待されるものはこの分離期の病変の評価である．多数の，または大きな(>5 mm)囊腫形成や関節軟骨に達する T2 high の病変，また FST2 像で軟骨下骨内側の骨髄内に関節液・肉芽の浸入と考えられる線状高信号の病変を認めると病巣部の骨軟骨片の動揺性は高くなるという報告がある．保存療法を断念して手術を選択するのはどういう状態のときか，MRI でその判断基準となるサインを見つけ，無駄に手術の時期を遅らせることのないようにしたいが，実際にはまだ不明瞭な点も多い．

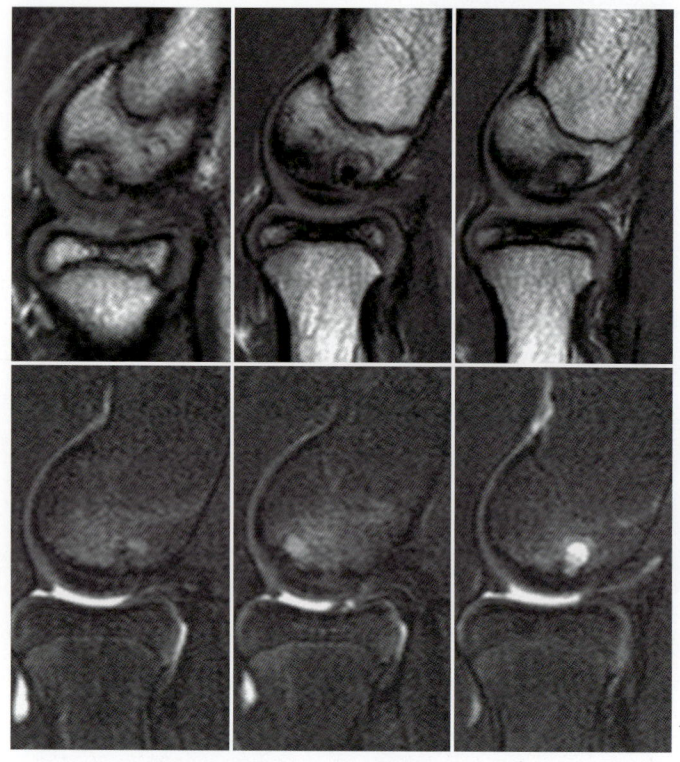

図V-37　分離前期 OCD
a：PD sagittal　　b：FST2 sagittal

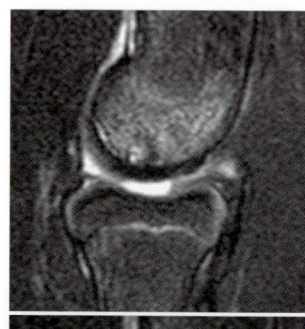

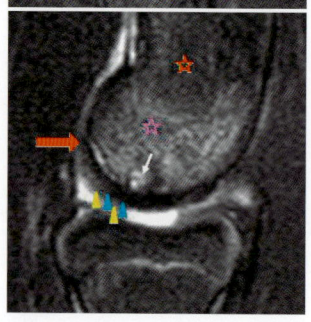

図V-38
分離後期 OCD　FST2 sagittal
- 軟骨（黄矢頭）：軟骨層（iso-low）は一部途絶（赤矢印）
- 軟骨下骨（青矢頭）：軟骨下骨板（low）内側の骨髄内に linear T2 high lesion（水・肉芽の浸入）を認める
- 骨髄：正常骨髄内脂肪（赤☆）は low
  Bone marrow edema（high）（ピンク☆）を広範囲に認める
  Cyst 形成（白矢印）

a．初診時   b．6カ月後

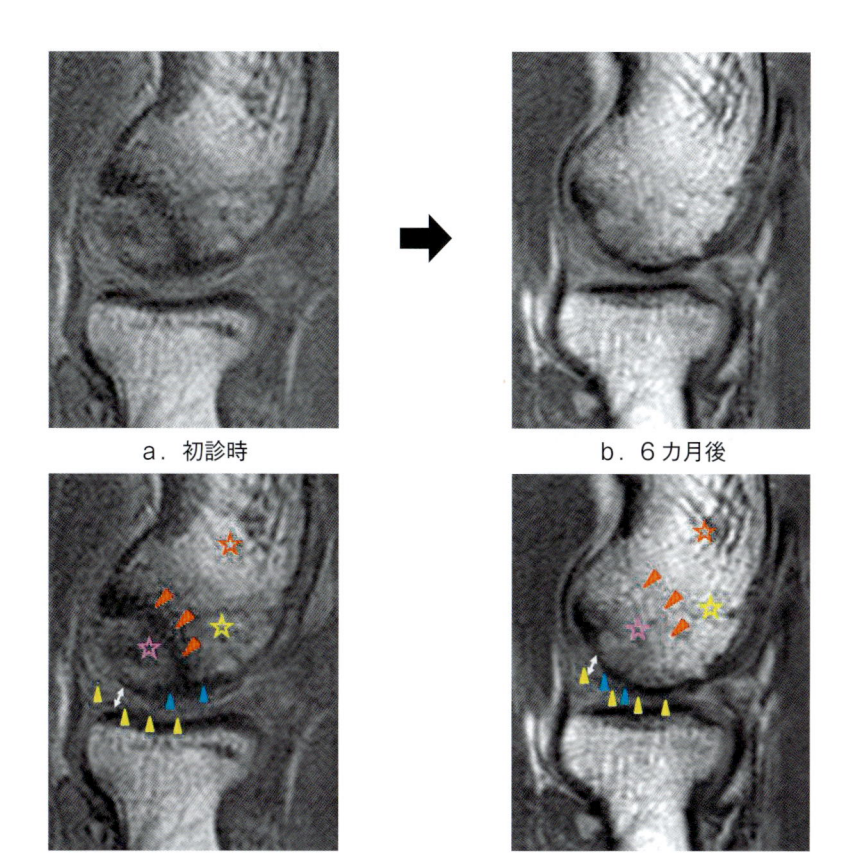

図V-39　OCD経過観察例（PD sagittal）

a：軟骨層（黄矢頭）：軟骨層（iso）の一部不整を認める
　　軟骨下骨板（青矢頭）：軟骨下骨板（low）の損傷があり一部途絶を認める
　　骨髄：正常骨髄内脂肪は high（赤☆）
　　・炎症によって水分が上昇したため，iso-low に変化した反応層（ピンク☆）を認める
　　・骨の硬化性（反応性）変化 low（赤矢頭）を生じて帯状低信号像を認める
　　・正常骨髄内脂肪は high であるが炎症によって水分が上昇し，iso-low に変化した反応層（黄☆）を認める
　　・損傷された軟骨層は一部不明瞭（白⇔）
b：軟骨層（黄矢頭）：軟骨層 iso の輝度が改善
　　軟骨下骨板（青矢頭）：途絶した部分 low の回復
　　骨髄：正常骨髄内脂肪は high（赤☆）
　　・炎症の改善に伴って，病変部は high に改善（ピンク☆）
　　・low であった骨の硬化性変化（バンド像）が消失し修復機転によって，脂肪細胞の壊死が回復（赤矢頭）
　　・炎症の改善に伴って，骨髄内の脂肪が high に改善した（黄☆）
　　・損傷された軟骨層は一部不明瞭（白⇔）

> ここが **Point!**
>
> MRI は分離期病変の分界層の評価に有用である

3．離断性骨軟骨炎の保存的対応　MRI でみる修復過程

　初診時 PD 像 sagittal（図 V-39-a）：軟骨層は一部不整を認め，軟骨下骨板の連続性も一部途絶している．軟骨下骨板直下には骨髄浮腫を伴い，壊死に伴うと考えられる病変辺縁部の low-band 像が認められる．

　6 カ月後 PD 像 sagittal（図 V-39-b）：軟骨層の描出も明瞭化し，途絶していた軟骨下骨板の連続性が回復している．壊死部の辺縁に存在していた骨の硬化性変化を示す low-band 域も消失している．骨髄浮腫も消失し正常脂肪信号の回復が認められる．

> ここが **Point!**
>
> 保存的対応で修復の目安は，
> 　1）軟骨下骨板の連続性の回復
> 　2）分界層の消失

　この項目の詳細は書籍「肘実践講座　よくわかる野球肘　離断性骨軟骨炎」の第 V 章「画像で見る，診る　3．MRI の意義と実際」（p.75〜92）をご参照ください．

野球ヒジ診療ハンドブック—肘の診断から治療，検診まで—

V．離断性骨軟骨炎の病態と治療
3．離断性骨軟骨炎の治療

①保存療法

1 保存的対応の概念

　治療に当たっては，まずは疾患が起きた原因を取り除くことが必要であるが，離断性骨軟骨炎は原因が未だ特定できていない．したがって「増悪因子を減らす」という対症療法になる．野球であれば投球やバッティングなどの外力（メカニカルストレス）を増悪因子として一番に挙げることができる．大まかに言うと，投球動作の加速期では関節の外側には圧迫・剪断力が，内側には牽引力が加わる（図V-40）．

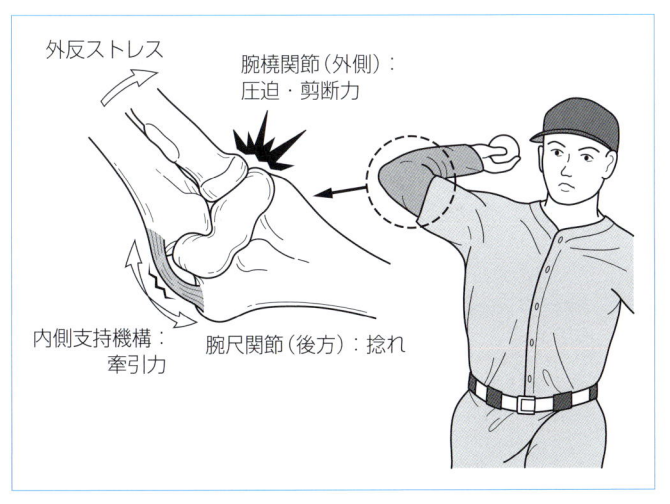

図V-40　外反時の肘に加わる力

　投球動作の加速期では外側の腕橈関節には圧迫・剪断力が加わり，内側の支持機構には牽引力が加わる．同時に後方の腕尺関節には捻れの力が加わり，肘頭先端と肘頭窩には圧迫・剪断力が加わる．ただし腕橈関節全体に力を受けており，小頭が球面であることを考えると小頭の内側から中央部分に大きな力が加わっているものと推測される．この外側への圧迫・剪断力は離断性骨軟骨炎の増悪因子になっている．

　バッティングでも似たような圧迫力が外側の腕橈関節に加わる．この圧迫力は上腕骨小頭の病変部の修復を阻害する要因になる．局所を安静にして病

巣部の修復を待つことが得策だと考えられる．このように離断性骨軟骨炎の治療においては積極的に処置をするわけではなく，自然治癒に任せることになるので厳密な表現をすれば，保存的治療ではなく保存的対応ということになる．「第Ⅴ章1．離断性骨軟骨炎の病態①病態②病期」で述べたように，離断性骨軟骨炎の修復過程をみると，小頭の修復と上腕骨外側上顆の骨化進行とが連動していることがわかる（図Ⅴ-41）．

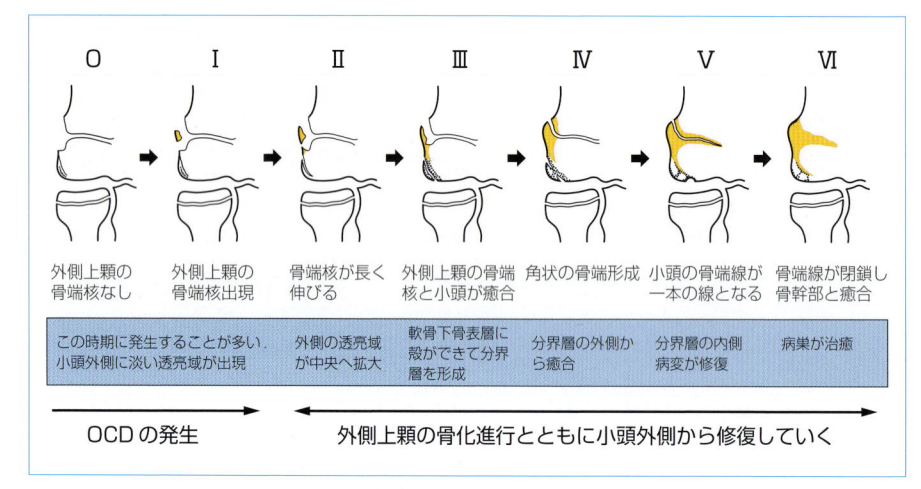

図Ⅴ-41　離断性骨軟骨炎の修復過程―小頭・外側上顆の骨化進行と修復との関係―
外側上顆の骨端核が現れていない状態をstage 0とする．外側上顆の骨端核は10歳前後から小さな点として現れ（stage Ⅰ），細長く成長し（stage Ⅱ），やがて小頭と繋がる（stage Ⅲ）．その後は小頭との連結部が太くなり犀の角のような形になる（stage Ⅳ）．そして最後の段階で小頭の骨端線が狭くなり骨幹端部と癒合する（stage Ⅴ，Ⅵ）．青い囲みの中に一般的な離断性骨軟骨炎の経過を入れて，外側上顆の骨化進行と対比した．個体差はあるが，stage Ⅰからstage Ⅳまではおおよそ1年で，この骨化に連動して壊死部に新しく骨が再生されていくのがわかる．

このように外側上顆の骨化状況と病巣の状態をみると，保存的対応による治癒の可能性を予測することができる．すなわち外側上顆の骨化があまり進んでいないstage 0からstage Ⅲの場合は保存的対応での治癒が期待できるが，すでに発見時にstage Ⅳやstage Ⅴの段階で広範な病変を持つ場合は保存的対応での治癒の可能性が低く，手術治療を考える必要がある．保存的対応の適応となる条件として，まず病期が初期あるいは進行期であること，そして骨年齢においては外側上顆の骨端が開いていてstage 0～Ⅳであること，の2つが必要である．

> ここが **Point!**
>
> 保存的に修復が期待できるのは,
> 病期が進んでいないこと,
> そして外側上顆の骨端が開いていること

2 保存的対応の内容

　上記の条件がそろっていれば少なくとも3カ月は患肢に負担のかかる動作を禁止して病巣部の変化を観察する．投球やバッティングだけでなく，体育，鞄などの重量物保持や拭き掃除なども一切禁止する．実際には選手が混乱しないように「箸と鉛筆以外は持たないように」と話す．原則としてギプスや装具は使わない．

> ここが **Point!**
>
> 1)「箸と鉛筆以外は持たない」くらいの安静
> 2) シーネ固定や装具は不要

　保存的対応で最も重要となることは患者，保護者とのコミュニケーションである．このキーパーソン2人が理解をし，納得しなければ治療は成功しない．一旦は理解しても長期間になれば必ず迷いが生じ，不安になる．経過中に痛みや可動域制限がなくなれば，少しくらいは投げてもよいかと思いがちである．月に1回は外来に来てもらい，この1カ月の症状や出来事について話し合い，X線やエコーなどの画像検査を行って経過を伝え，安静の必要性を説明する．

　保存的対応の鍵となるのは①医師が正確な病状を把握し，繰り返し丁寧に説明すること，②選手，保護者，指導者が疾患と現在の病状について理解すること，の2点である．スポーツ現場と医療現場が疾患について共通の認識を持ち，相互に理解することが大切である．さらに成長途上にある子どもの身体に生じた障害であることを念頭に置き，粘り強く対応することが大切である．

　この項目の詳細は書籍「肘実践講座　よくわかる野球肘　離断性骨軟骨炎」の第Ⅵ章「保存的に治す―無刀流の治療　その極意について―　1．保存的対応　治療理念と方法」(p. 126～142)をご参照ください．

3．離断性骨軟骨炎の治療　①保存療法

V. 離断性骨軟骨炎の病態と治療
3. 離断性骨軟骨炎の治療
②保存的対応での治癒過程

1 パターン別にみた修復過程

　離断性骨軟骨炎の修復過程は一様ではないが，いくつかのパターンに分けることができる．

1. 外側から中央に移行するパターン（図V-42）

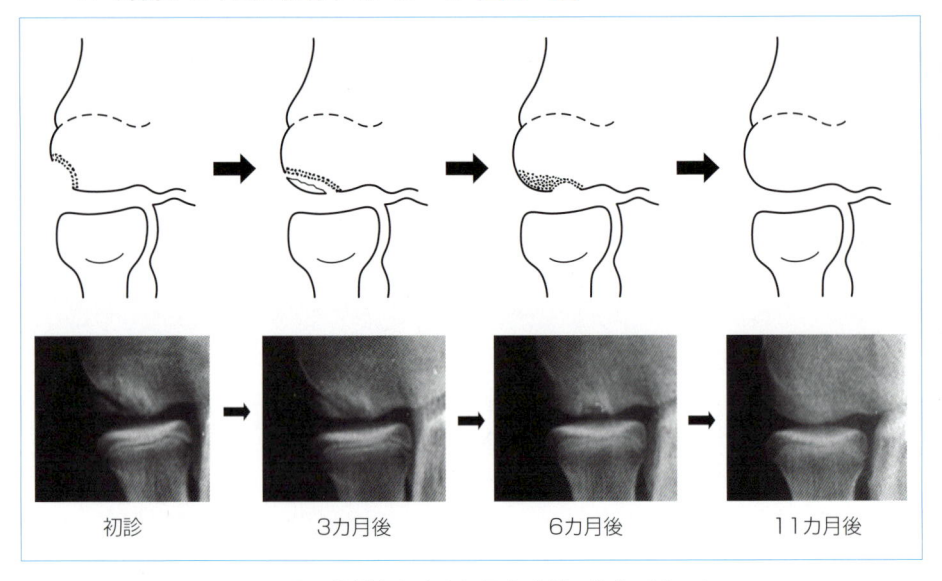

図V-42　外側から中央に及ぶ病巣の修復パターン

　13歳の投手．投球時の外側の痛みを主訴に受診．既に分離前期で進行した状態で発見される．発症から1年前後は経っていることが予想される．投球を中止し，日常生活でも衣食住の必要最低限のこと以外は患肢の使用を禁じた．徹底した保存的対応の結果，3カ月後に分界層に新生骨が現れて，6カ月後には小頭の外側は修復した．その後の修復はゆっくりと進み，11カ月後には残っていた中央部も修復して完治となった．これは上腕骨外側上顆の骨化と連動して修復する一般的なパターンである．

上腕骨小頭の離断性骨軟骨炎の半分くらいがこのパターンである．小頭の外側から壊死が始まり，中央に広がっていく．軟骨下骨終板が骨化し，輪郭が現れ，徐々に厚みを増していく．同時に母床側には反応性の骨硬化が現れ，分離前期となる．次に離断部の外側から修復が始まり，中央へと進む．最終的に治癒するものでも中央部だけになってから完治するまでに半年以上かかることは珍しくない．発見から修復まで平均１年２カ月ほど要するが，２年近くかかることもある．

2．外側に限局するパターン（図Ⅴ-43）

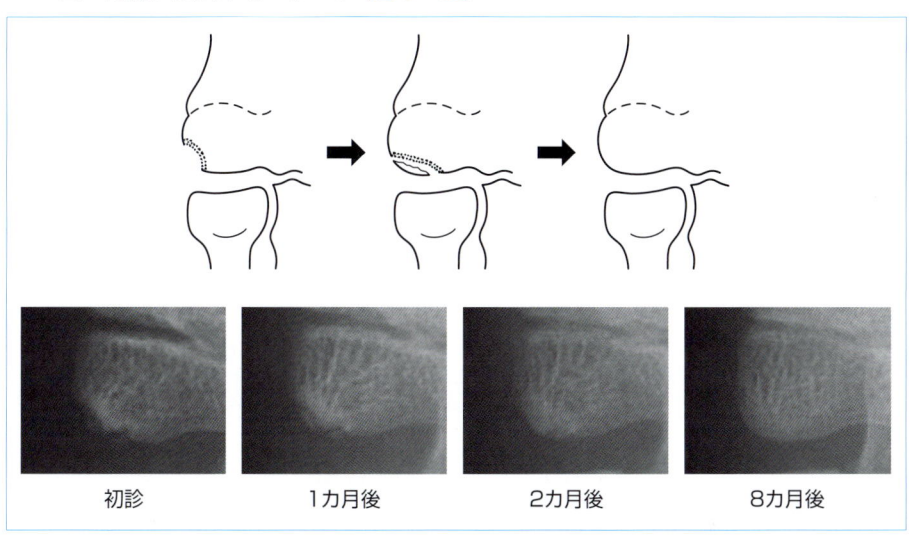

図Ⅴ-43　外側に限局した病巣の修復パターン
（外側上顆の骨化核が現れる前に発生，修復する離断性骨軟骨炎）

　９歳の内野手．検診で内側に痛みがあることで精査を勧められて発見となった．腕橈関節には圧痛も運動痛もなく，可動域制限も無かった．外側上顆の骨端核はまだ出現していない．保存的対応で経過をみていると６カ月でほぼ修復したが，軟骨下骨の骨梁構造が十分でなかったので，８カ月まで待って野球に復帰した．

　９歳から10歳くらいの幼い年齢に発症するパターンで，修復までに要する期間は３カ月から10カ月で短い傾向がある．外側上顆の骨化中心が現れる前に発生し，修復する．短期間で修復し，予後が良いことから骨化のバリエーションではないかとの意見もあるが，Ｘ線像での経過は離断性骨軟骨炎の特徴を備えている．

3．小頭全体が障害されるパターン（パンナー病類似）（図V-44）

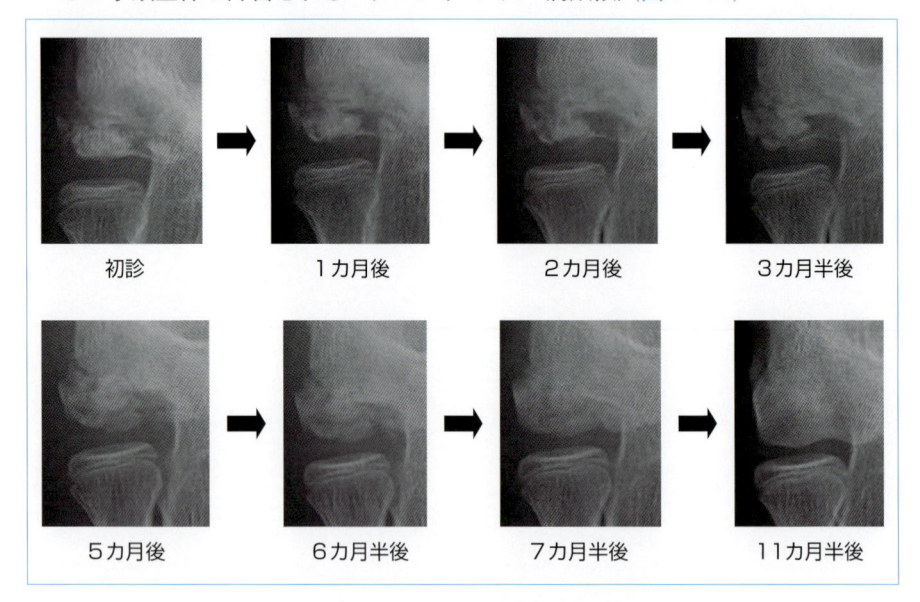

|初診|1カ月後|2カ月後|3カ月半後|
|5カ月後|6カ月半後|7カ月半後|11カ月後|

図V-44　パンナー病類似の小頭障害

　11歳の野球少年．8カ月前に肘の痛みで近医を受診し総合病院を紹介されてパンナー病と診断を受けた．安静をとっても病像が改善しないため手術の話が出た．保存的対応の是非を聞くためセカンドオピニオンを求めて来院．結局は当院で経過をみることになり，1カ月，3カ月と経っても一向に修復の兆しが見えず，手術の必要性も頭をかすめるようになった．しかし軟骨下の皮質がしっかりと連続していたため保存的対応を続けた．受診から5カ月の時点で急激に修復傾向が現れて，その後は6カ月半で小頭全体が修復した．しかしまだこの時点でも小頭の骨梁構造は十分ではない．11カ月後に治癒と判断した．

　一般的にはパンナー病は5歳頃に発生する上腕骨小頭の骨端症といわれている．野球少年にもパンナー病のように小頭全体が障害されるパターンがある．筆者（柏口）らが経験した症例の初診時年齢は8歳から11歳であった．病変の縦の拡がりは関節面から骨端線にまで及び，横の拡がりは外側だけに限局するものから内側まで及ぶものまで様々である．安静を守っていても発症後しばらく病変は悪化進行を続けるが，概ね予後は良好で完治する．

4．その他のパターン

　離断性骨軟骨炎の治療やX線読影に精通した整形外科医でも離断性骨軟骨炎なのか，骨化過程でのバリエーションとすべきなのか迷う例がある（図V-45）．

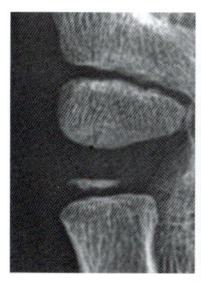

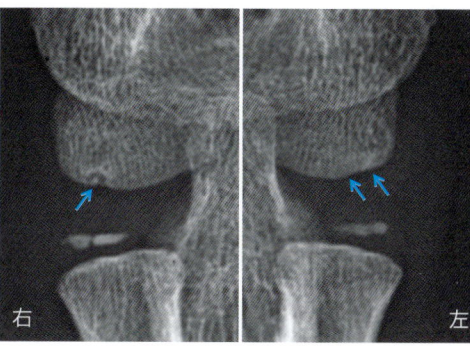

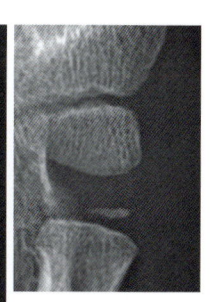

45°屈曲位正面像　　右　　左　　45°屈曲位正面像

伸展位正面像

図V-45　OCD？　骨化のバリエーション？
9歳で野球と日本拳法を習っている．投球練習後に痛みを訴えたことがあり，母親に連れられて来院．受診時は痛みは無く，理学所見でも全く異常を認めなかった．X線写真を撮ると右小頭に斑点状の骨透亮像（青矢印）と橈骨頭の骨化中心の分節を認めた．また左の小頭は扁平化（青二本矢印）をきたして丸みが無くなっていた．いずれも45°屈曲位正面像より伸展位正面像のほうが変化をよく捉えている．

　発症がより若年であったり，通常の離断性骨軟骨炎の病巣部より位置が後方にあったりと，離断性骨軟骨炎と共通しない部分もあるが，骨髄の骨梁構造は崩れており，正常とはいえない．「上腕骨小頭障害」という大きなくくりで捉えていく必要があると考える．

　この項目の詳細は書籍「肘実践講座　よくわかる野球肘　離断性骨軟骨炎」の第Ⅵ章「保存的に治す─無刀流の治療　その極意について─　1．保存的対応　治療理念と方法」（p. 126～142）をご参照ください．

V. 離断性骨軟骨炎の病態と治療
3. 離断性骨軟骨炎の治療
③保存的対応の実際

1 初診時

　痛みを訴えて医療機関にやってくる場合，痛みのある部位は外側ではなく，大半は肘の内側である．離断性骨軟骨炎の初期では，内側上顆障害を合併していることが多く，これが症状を出しているからである．外側に痛みを訴える場合には病状が進行しているケースを考える．理学所見も同様で，初期には特異的な所見はなく，内側上顆障害による症状が前面に出る．画像診断では単純X線をしっかりと読影して病期を判定する．より詳細で正確な診断を求めるならばCTやMRIも駆使する．

　離断性骨軟骨炎の初期に外来受診をした選手の大半は内側上顆の痛みを訴えて来院し，離断性骨軟骨炎を念頭に置いている選手はほとんどいない．痛みのある内側上顆よりも痛みの無い離断性骨軟骨炎の治療を優先しなければならないことに戸惑うが，その必要性をしっかりと認識してもらう必要がある．治療の目標は，透亮期および分離前期では完全修復を目指し，分離後期では病巣の縮小を目指す．修復には1年前後を要することが多く，治療開始時に必ず話しておく必要がある．

ここが Point!

> 1）初期は症状が無いか，あってもわずか
> 2）治癒までに1年前後を要する

2 治療初期（初診後3カ月くらいまで）

　初診時に痛みを訴えていた選手も1カ月ほど休めば痛みは無くなる．X線では透亮像の中にヘアーラインのような新生骨が現れる（下骨表層の殻）（図V-46）．これが小頭の輪郭線上に納まっていれば修復開始のサインである．また母床でも硬化像が軽減ないしは縮小し，母床側から新生骨が見られるよ

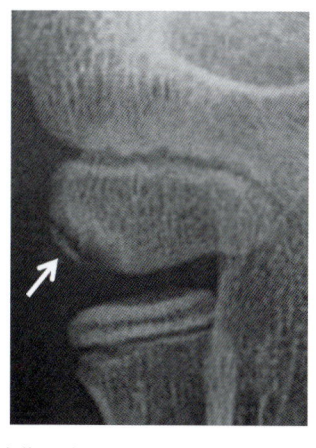

図V-46　軟骨下骨の殻

　X線における修復過程では，透亮像の中にヘアーライン様の軟骨下骨板（下骨表層の殻：→）が現れる．この新生骨が小頭の輪郭内に納まっていれば安心．

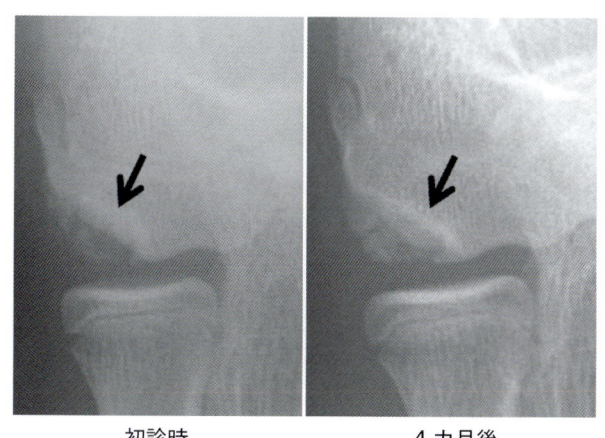

初診時　　　　　　　　　4カ月後

図V-47　母床側の修復
初診時に比べ母床側の硬化域が縮小し（→），新生骨もみられている．

うになる（図V-47）．なかには初診時より透亮像が拡大することもあるが，これは壊死した部分が吸収されたための変化であり，悪化ではない．修復中は破壊や吸収，そして骨新生が同時進行で起こっている．以上のような所見はCTで見るともっとわかりやすいので，初診から3カ月ほど経過した時点でCT検査を行うことをお勧めする（図V-48）．

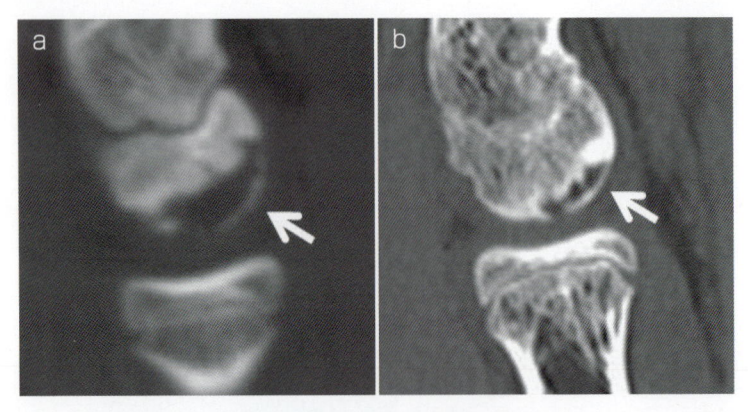

図Ⅴ-48　CTによる修復過程
初診時(a)に比べ，4カ月後(b)で修復が進んでいる(→)のがわかる．

> ここが **Point!**
>
> ### 軟骨下骨ライン（表層の殻）は修復のサイン

　選手や保護者には画像上の変化や基本的なことを何度も繰り返し説明し，疾患に対して医師と共通のイメージを持ってもらうように努める．

3 治療中期（3〜6カ月程度）

　この時期には自覚症状，他覚症状ともに無くなっているのが一般的である．もし症状が残っていたなら病状が進行したか，当初の病期診断が誤っていた可能性があるので，画像所見の再検討が必要となる．画像所見では，X線で確認できた「下骨表層の殻」が徐々にその厚みを増し，母床も同時に骨が盛り上がってきて透亮線の幅が狭まる（図Ⅴ-49）．この修復過程は一般的には外側から内側に向けて進む．

　選手や保護者は痛みが無いのに野球に参加できない焦燥感，チームメイトに取り残された孤独感や疎外感などストレスが最高潮に達している時期である．医師はこれまで以上に丁寧に病状や今後の予想を説明し，症状が無くても局所の安静を続ける必要性を理解してもらう．

| 初診時 | 1カ月後 | 6カ月後 |

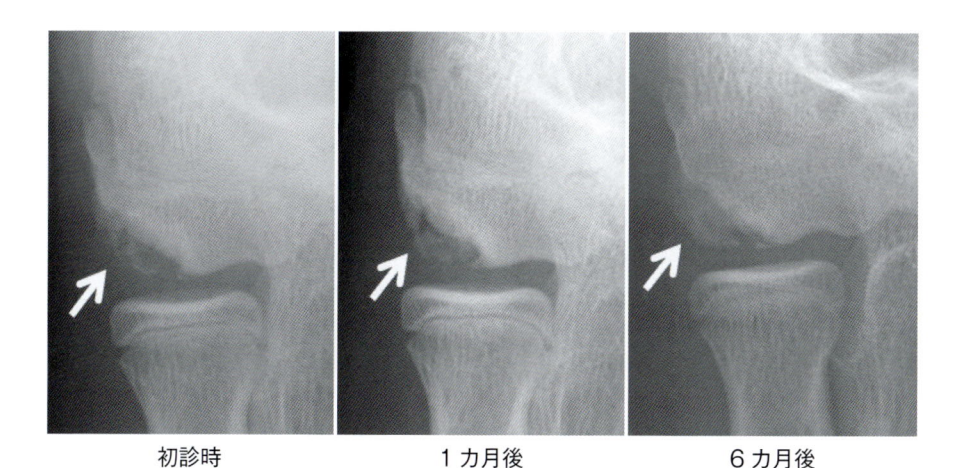

図V-49　X線でみられる修復過程
X線で確認できた軟骨下骨ラインの新生骨(下骨表層の殻)が徐々にその厚みを増し，母床も同時に骨が盛り上がってきて修復(→)する．

ここが Point!

1) 修復は小頭の外側から内側に向かって進む
2) 肘だけでなく心のケアも忘れずに

4 治療後期(6カ月以降)

　中期と同様，自覚症状，他覚症状ともに無い．もしいったん消失した症状が再出現したなら，分離部の分界層での修復が停止し遊離体となってしまった可能性がある．修復は小頭の外側から中央部そして内側へと進むが，中央部から内側部への修復には長期間を要することが多い(図V-50)．また修復は外側上顆の骨端線が閉鎖する前後に一気に進む傾向がある．

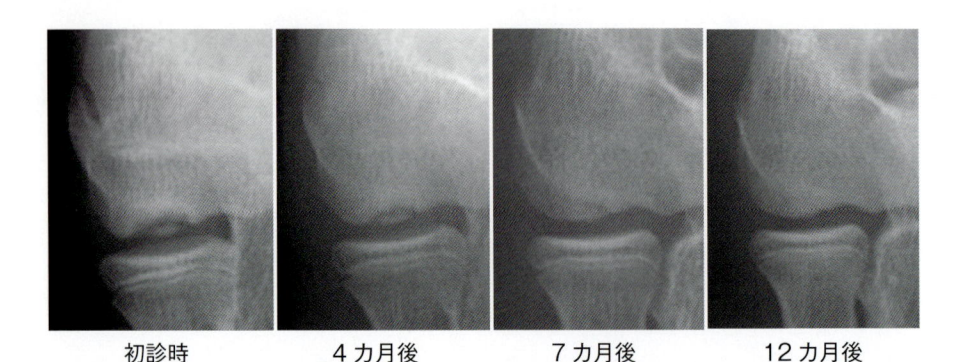

| 初診時 | 4カ月後 | 7カ月後 | 12カ月後 |

図V-50　典型的な修復過程

修復過程は外側から内側に向けて進む傾向があり，内側寄りの部位の修復に時間を要することが多いようである．

> **ここが Point!**
> **小頭の中央部から内側にかけての修復には時間を要する**

5 復帰に向けて

　復帰できるのは画像で修復したと判定された時点であり，症状の消失した時点ではない．ただ画像で修復したと判断するのが難しい場合も少なくない．単純X線やCTで骨梁構造が再構築できた時点で復帰を許可すべきである（図V-51）．修復が進んでも雲母状のベタッとした骨で骨梁構造がみられない場合には，復帰後に再吸収されて悪化することがあるので，注意深く観察する．

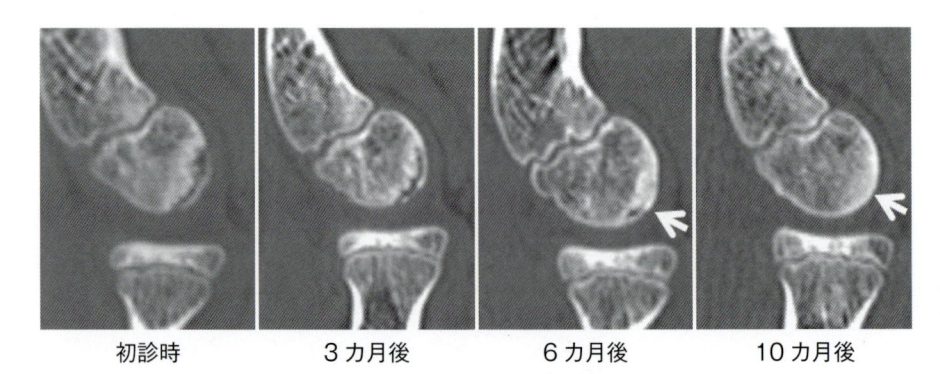

| 初診時 | 3カ月後 | 6カ月後 | 10カ月後 |

図V-51　CTによる修復確認

復帰を許可するのは6カ月後（→）ではなく，骨新生の進んだ10カ月後（→）にするべきである．

> ここが **Point!**
> 骨梁構造が再構築できて初めて修復完了

　復帰の実際は，まず塁間の半分の距離で50％程度の強さで20球のキャッチボールから開始している．2日投げて1日休みといったスケジュールで投球数，距離，強度を徐々に上げていく．チーム練習に完全に合流するまでにおよそ2カ月かけて段階的に復帰させる．復帰後も再発していないか画像検査で確認することが必要で，1カ月後，3カ月後，できれば1年後までフォローアップすることが望ましい．

6 特殊な対応—LIPUS療法—（図V-52）

　LIPUSとは低出力超音波パルス（low intensity pulsed ultrasound）の略称で，難治性骨折の治癒促進効果が報告されている治療法である．一般的な保存療法で病巣修復が遅い症例や修復が停止したと思われるような症例に効果をみることがある．ただし，局所安静が保てない場合には効果は期待できず，「安静を守れること」が適応の条件となる．超音波画像検査で病巣部を確認し照射位置を決めて，1日20分ずつ前方からと後方からのそれぞれに照射する．前後から別々に照射することによって病巣全体を刺激することができる．

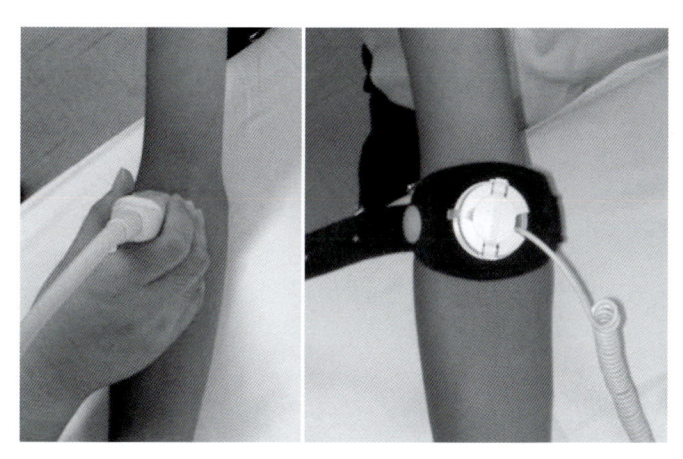

図V-52　LIPUS療法の実際
超音波検査で病巣部を確認し照射位置を決めて，1日20分照射する．

　この項目の詳細は書籍「肘実践講座　よくわかる野球肘　離断性骨軟骨炎」の第VI章「保存的に治す—無刀流の治療　その極意について—　2．保存的対応の実際」（p.145〜155）をご参照ください．

V. 離断性骨軟骨炎の病態と治療
3. 離断性骨軟骨炎の治療
④手術治療　術式の選択

1 手術の適応

　成長期の子どもには旺盛な自己修復力が備わっているので，この治癒力を信じてしばらく経過をみることも大切である．「手術をした方が早く，確実に治る」という考えを持つ医師や指導者，保護者がいるが，筆者らは自然治癒力で治すことを最優先に考える．この自然治癒力が期待できない場合や途中で停止した場合に手術をする．

　一部の施設で行われている透亮期例への手術適応は厳に慎むべきである．執刀医の意見が分かれるのは分離前期である．治癒を促進するという名目で骨釘や骨軟骨柱の移植をする医師もいる．木田の総合分類の修復過程をみるとわかるように，下骨表層の殻を形成する分離前期はまだ修復機転が十分に機能している時期である．殻と母床の間にできた分界層が徐々に縮小している間は手術を急がずに，保存的対応で待つべきと考える．

　明らかな手術適応があるのは分離後期以降である．この時期には修復機転が停止して分界層が偽関節化しかけている．選択としてLIPUSの適用，離断骨軟骨片の固定術や郭清術が適応される．さらに進んだ遊離巣内期や遊離巣外期では自然治癒は期待できないため手術を選択する．

ここが Point!

> 分離後期と遊離期に手術を適応する

2 術式の選択

　様々な術式があるが，大きく分けると以下の5つになる．

１．ドリリング（骨穿孔術）

　治癒を促進する目的で海綿骨に径1～2 mmの骨孔を開ける．関節軟骨を貫いて開ける方法とガイドを使い逆行性に開ける方法がある．必ずしも結果は安定したものではなく，ドリリング後に離断が進むケースも少なくない．

2．遊離体摘出と郭清術

　関節内に遊離した骨軟骨片だけを摘出するのが摘出術である．さらに母床（上腕骨小頭の本体部分）の表面に残っている壊死骨や瘢痕組織（傷痕の硬くなった組織）まで切除するのが郭清術である．鏡視下手術と関節を切開するオープン手術がある．

　13歳前後での鏡視下郭清術はただ単に病巣部をクリーニングするというだけでなく，生体に元来備わっている自己修復能力を引き出して骨再生をもたらす効果がある．中央限局型で骨端線開存期にある例に施行した場合，郭清後の陥凹面に骨新生が起こり，本来の関節面を形成することが観察される（図V-53）．骨端線開存期の旺盛な骨新生によるリモデリングと考えられる．母床と離断骨軟骨片の間に介在している線維性組織を取り除くことによって母床から新生骨ができやすい環境を人為的に作っていると考えられる．病巣タイプと手術時期を選べば鏡視下郭清術は根治的治療に匹敵する効果が期待できる．しかし適応の限界もあり，外側広範型の病変に対しては愁訴を残すことがある．

術前

術後4カ月

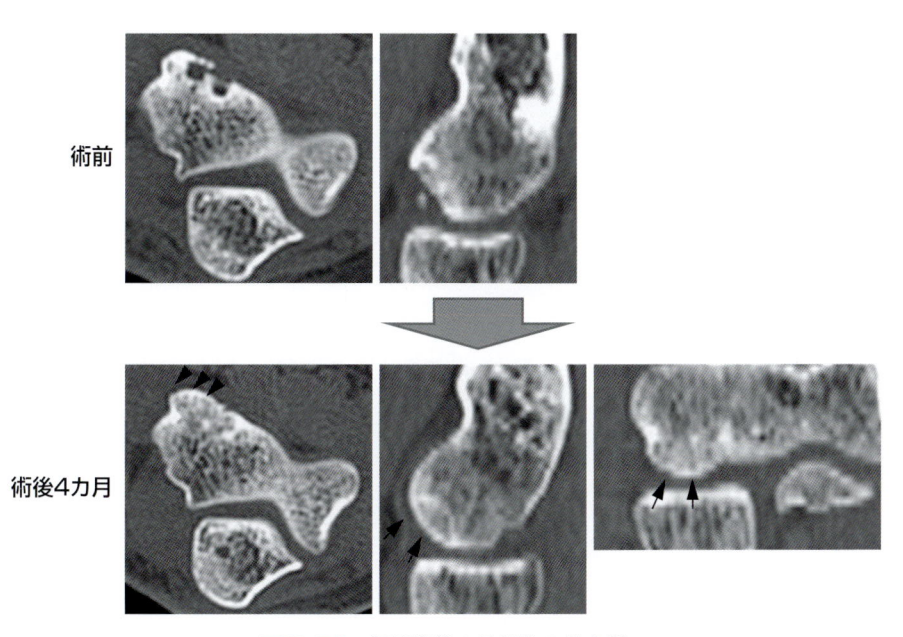

図V-53　郭清術後の骨新生の代表例

　12歳の女児．骨年齢は骨端線閉鎖間近で，中央限局型の症例．関節内には2個の遊離体があり，これを摘出した．小頭関節面の病巣部も鋭匙とシェーバーで郭清した．術後4カ月の時点で郭清した部分はほぼ元の状態に修復している．移植に際しての採取部の負担も無く，最高の再生医療といえる．

3. 離断骨軟骨片の固定術

　離断した，もしくは離断しかけた骨軟骨片を母床に固定する手術である．固定するための材料として，骨釘，金属性のネジ，吸収性のネジ（数カ月のうちに生体内に吸収されてしまう材質）が用いられる．骨釘とは他部位（多くは尺骨）から移植用の骨を細長い棒状（長さ2～3 cm，太さ2～3 mm）に採取したもので，釘の様に用いて離断骨軟骨片を固定する．固定術が適応できるのは，離断骨軟骨片がある程度大きく，母床との適合性がよい場合に限られる．

4. 関節面の再建術

　関節面の破壊が広い範囲にある場合，この部分を郭清した後に，身体の他の部位から採った骨軟骨柱を移植して，関節面を新たにつくる手術である．骨軟骨の採取部位は大腿骨の非荷重部と肋骨肋軟骨移行部がある．大腿骨外顆の非荷重面から骨軟骨柱を採取する遊離骨軟骨柱移植—Mosaicplasty—は中等度の欠損（小頭全体の50～70%）に対して適応がある．重要なポイントは

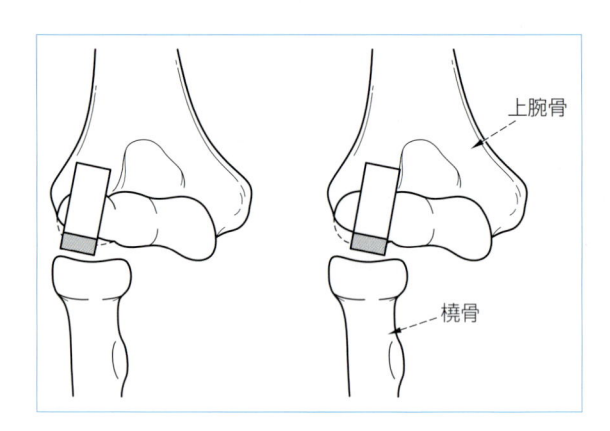

図V-54　再建すべき部位

安定性に影響するのは「外側の壁」より「内側の適合性」であり，左より右のように再建する．

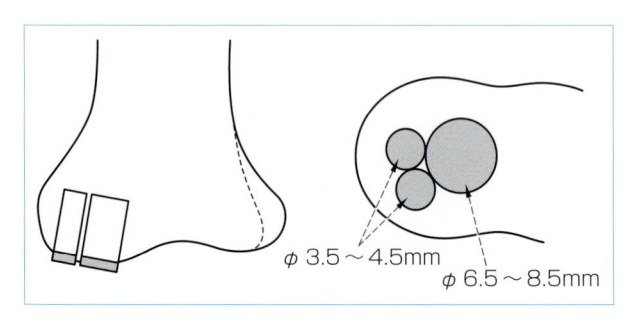

図V-55　骨軟骨柱の移植方法

「腕橈関節内側の適合性」の獲得であり，欠損部が広い場合は内側部分を優先して移植する(図V-54)．十分に骨軟骨柱がある場合は「外側の壁」も再建する(図V-55)．

もう一つの関節面の再建方法は肋骨肋軟骨移植である．通常第5あるいは第6肋骨肋軟骨移行部より骨軟骨片を採取する．採取した肋骨肋軟骨片が移植母床に適合するようにトリミングし，固定はK-wireやヘッドレススクリューなどを使う(図V-56)．他関節に侵襲を与えず，欠損部母床に合わせた関節形成が可能であるという長所もあるが，肋軟骨が骨化したという報告もあり，慎重に適応する必要がある．また理論的には培養軟骨やiPS細胞による再建も可能であるが，まだ現実には行われていない．

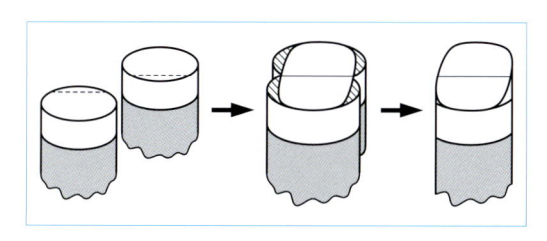

図V-56　肋骨肋軟骨片2片を移植する場合の組み合わせデザイン

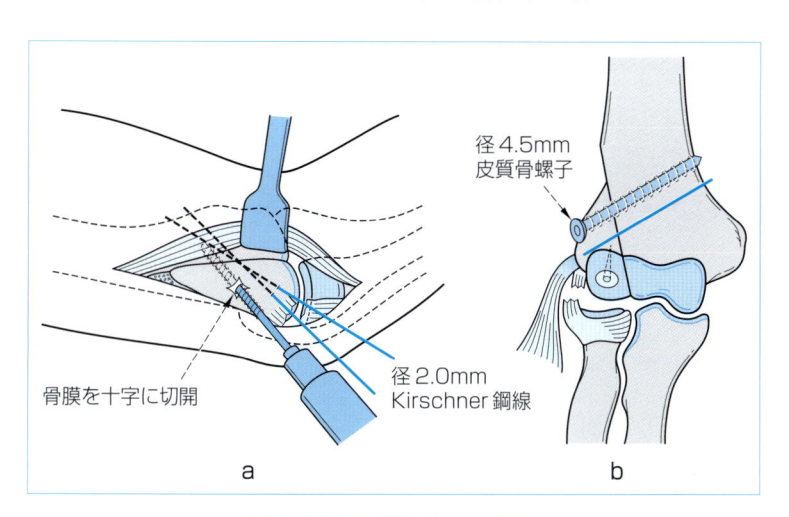

図V-57　外側顆骨片の固定
a：経2.0mm Kirschner鋼線を2本刺入して仮固定する．ドリルポイント刺入部の骨膜を十字に切開してから，ドリリングとタッピングを行う．
b：骨切り部は経4.5mm皮質骨螺子で固定し，仮固定のKirschner鋼線はすべて抜去，または1本残しても構わない．

3．離断性骨軟骨炎の治療　④手術治療　術式の選択　115

5．楔状骨切り術

上腕骨外側顆を楔状に骨切りすることによって腕橈関節を除圧し，さらに上腕骨小頭の血流を改善して病変部の修復を促進する治療方法である．楔状に骨切りした骨で骨釘を作り，病変部に移植する場合もある．骨切り部は関節面を合わせ，K-wire やスクリューで固定する（図Ⅴ-57）．

3 いつ手術をするか　手術時期の選択

適応に慎重になりすぎて実施のタイミングを逃すべきではない．例えば16歳で肘の異常を自覚して来院した高校生選手．画像検査では母床と離断骨片の間にはっきりとした分界層がみられる．こういう例で「野球を中止して半年待つ」などという対応はすべきではない．成長の早さに個体差があるとはいえ，この年齢での自然治癒は期待できないからである．この年齢になると遊離期の巣内期か巣外期に進んでいるので，迷うことなく手術をして，復帰を急ぐべきである．

手術の時期や内容については医学的適応だけでなく，選手の立場や将来性などの社会的適応も考える必要がある．例えば中学生の場合だと2年生の春までに受診した場合はできるだけ早く行うことを勧める．しかし，2年生の夏以降に受診した場合は選手，保護者，指導者と手術の時期と方法について相談する必要がある．関節面の再建術を行えば競技への完全復帰には約6カ月を要する．手術の実施時期が遅いと3年生の夏に間に合わなくなる．そういう場合は3年生の夏まではポジション変更や練習量の制限などで姑息的に対応し，夏季大会終了後に根治的手術を行い，高校での活動に備えるという選択肢を勧めることもある．いずれにしろ，手術の適応，タイミング，内容については術者によって意見の分かれるものであり，術者の経験に従い，慣れた確実な方法で行うのが良い．

> **ここが Point!**
>
> 術式の選択は医学的，社会的両面で決める

この項目の詳細は書籍「肘実践講座　よくわかる野球肘　離断性骨軟骨炎」の第Ⅶ章「手術で治す―私の方法―手術で何を治すのか，どのように治すのか」（p.170～213）をご参照ください．

Ⅴ．離断性骨軟骨炎の病態と治療
3．離断性骨軟骨炎の治療
⑤障害パターンや病巣の大きさからみた治療選択

1 障害パターンと治療選択

　離断性骨軟骨炎にはいろいろなケースがあるため治療法の選択肢も多い．多数の手術に至った症例を検討すると，4つのパターンが確認された（図Ⅴ-58）．

　これは病期（ステージ）分類ではなく，修復機転の停止した時点での病巣の位置や大きさによる病型（タイプ）である．それぞれのパターンに対する治療法の概要を示す．

> **ここが Point!**
>
> 手術症例は4つのパターンに大別される

　第1のパターンは外側限局型で，小頭の外側に始まって外側に遊離体を形成する（図Ⅴ-59）．分離前期までは保存的に対応するが，分離後期以降はLIPUS療法，固定術，関節面の再建，郭清術が適応される．

　第2のパターンは中央型で，外側に始まった壊死が中央にまで広がるもので，経過をみていくと外側は修復機転が働いて治り，最終的には小頭の中央部分に遊離体を形成する（図Ⅴ-60）．

　分離前期では一般的には保存的対応だが，なかにはドリリング，骨釘移植，遊離骨軟骨柱移植，楔状骨切りを適応する術者もいる．分離後期以降は前述の通りである．中央型はさらに病巣の大きさにより中央限局型と中央広範型に分かれ，それぞれで対応と予後が異なる．

　第3のパターンは外側に始まるのは先の2つと同じだが，修復機転がうまく働かずに外側から中央まで病変が残るもので，外側広範型と呼ばれる（図Ⅴ-61）．治療方針と術式選択はパターン2と同じである．

　そして第4のパターンは病変が小頭の外側から中央，さらに内側まで及ぶものである．橈骨頭が肥大し，中枢側に突き上げることもあり，最も予後が悪い（図Ⅴ-62）．

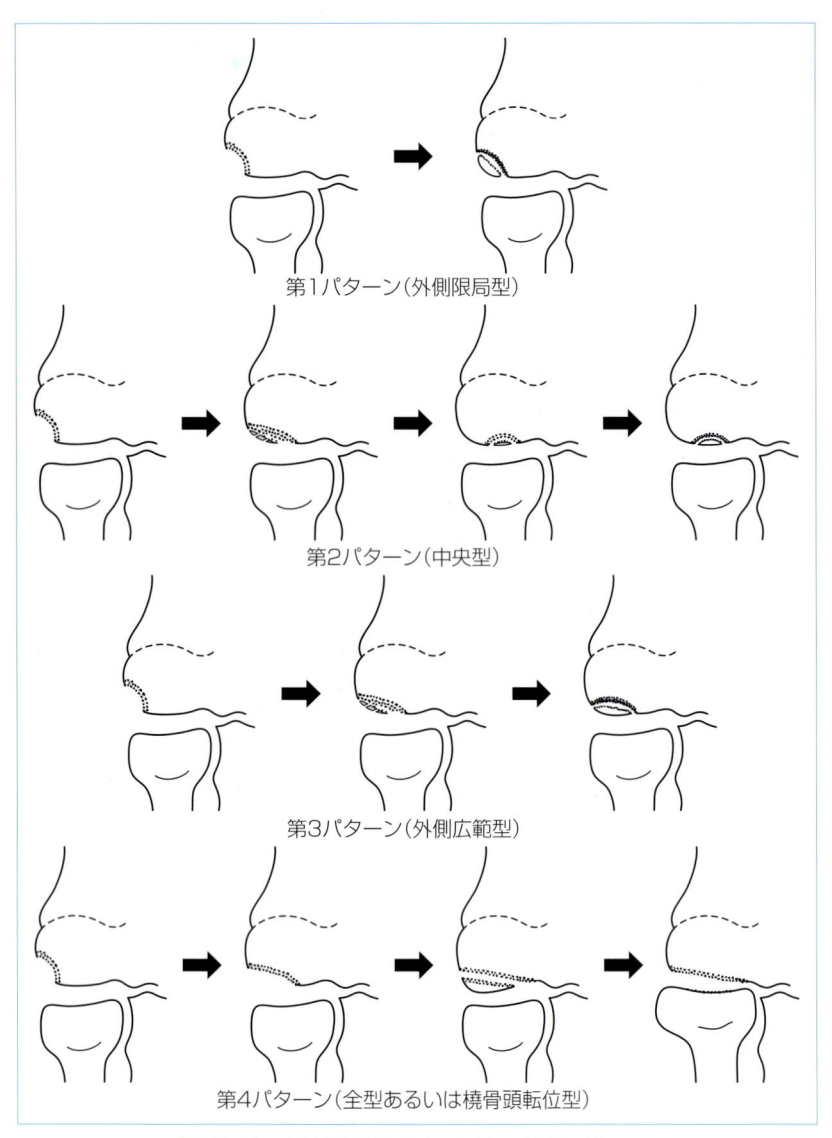

図V-58 離断性骨軟骨炎の悪化・進行パターン

　第1のパターンは壊死が小頭の外側に始まって外側に限局した遊離体を形成するもの．第2のパターンは病巣が外側に始まり，やがて中央に広がる．そして外側部分は修復するが，中央に遊離体を形成するもの．第3のパターンは壊死が小頭の外側に始まり中央にまで広がり，修復機転がうまく働かずに外側から中央に及ぶ広範な障害を作るもの．腕橈関節の適合性は崩れて関節症を続発する．第4のパターンはさらに病変が広く，小頭の外側から内側まで全部に広がるもの．橈骨頭も肥大し，陥凹した小頭を突き上げるように転位することもある．このパターンは最悪の経過となる．

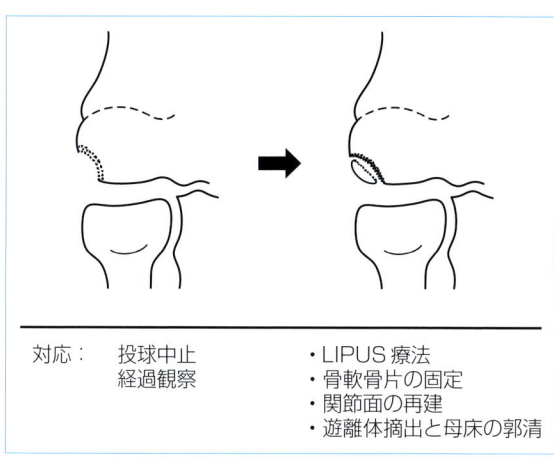

図V-59　パターン1（外側限局型）

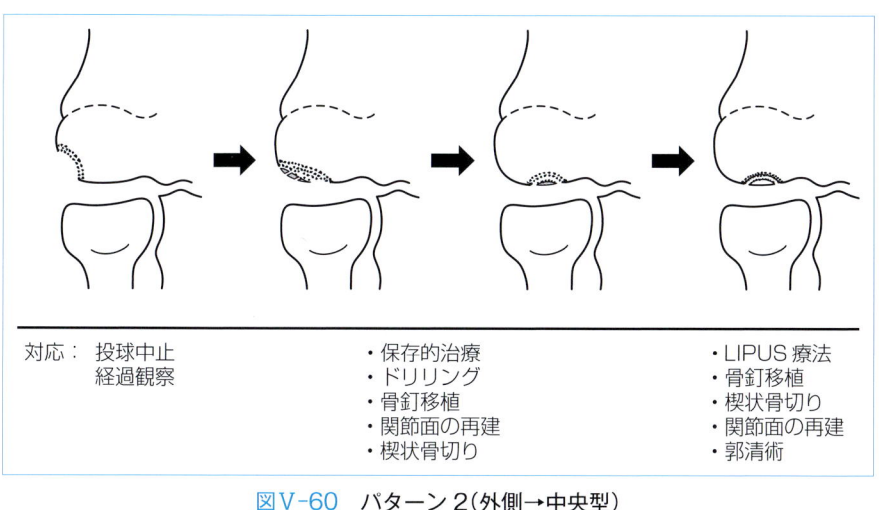

対応：　投球中止
　　　　経過観察

・LIPUS療法
・骨軟骨片の固定
・関節面の再建
・遊離体摘出と母床の郭清

図V-60　パターン2（外側→中央型）

対応：　投球中止
　　　　経過観察

・保存的治療
・ドリリング
・骨釘移植
・関節面の再建
・楔状骨切り

・LIPUS療法
・骨釘移植
・楔状骨切り
・関節面の再建
・郭清術

　各パターンの治療法としては保存的対応をはじめとして，摘出，固定，関節面の再建，郭清術，楔状骨切りと様々な対応があるが，術者の経験と考え方に従って行われるもので，絶対的なものはない．
　パターン1の外側限局型やパターン2のうちの中央限局型では関節面の再建は不要で鏡視下郭清術で十分対応できる．さらに暦年齢でおよそ14歳までに郭清術を施行した場合は，郭清で生じた陥凹はリモデリングされて表面

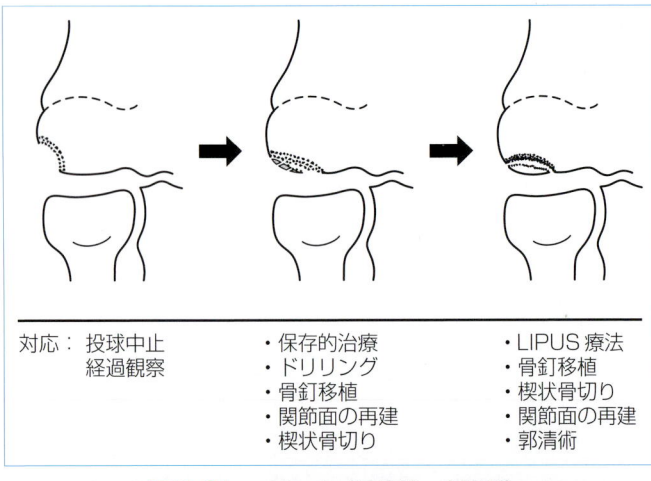

図V-61　パターン3（外側→広範型）

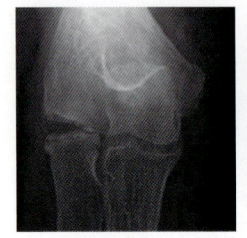

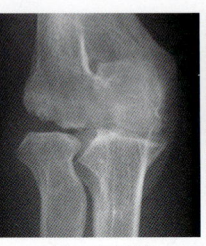

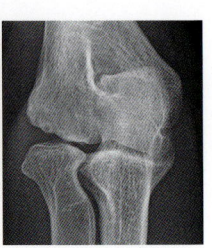

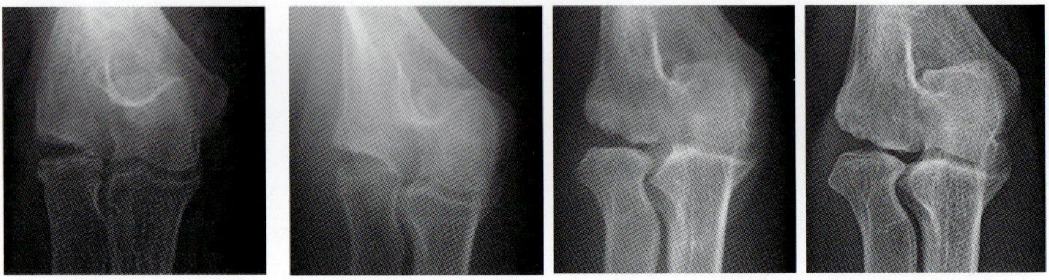

対応： 投球中止
　　　経過観察

・保存的治療
・ドリリング
・骨釘移植
・関節面の再建
・楔状骨切り

・LIPUS療法
・骨釘移植
・楔状骨切り
・関節面の再建
・郭清術

術直前
可動域：-40°/95°

術後4カ月
可動域：-45°/95°
疼痛時々あり
軋轢音あり

1年8カ月後
可動域：-35°/110°
回内外：70°/70°
疼痛時々あり
軋轢音なし

3年8カ月後
可動域：-30°/120°
回内外：45°/70°
鈍痛時々あり
軋轢音なし

図V-62　橈骨頭突き上げ症例（パターン4）の郭清術術後経過

は滑らかに戻ることが期待できる．パターン2の中央広範型やパターン3の外側広範型には関節面の再建を検討する必要がある．現在のところ，パターン4の橈骨頭転位型に対する適切な治療法はなく，予後は極めて悪い．ここまで悪化する前に見つけて適切な対応をすることが最善策である．

2 病巣の大きさからみた術式選択

これまでの諸家の報告でも，「外側広範型や中央広範型で病巣の幅が大きくなるほど愁訴を残す」とされている．筆者（柏口）らの治療経験でも図V-63に示すように病巣率が大きくなるほど愁訴が残る印象を持っている．単純X線の45°屈曲位正面像で病巣の幅が50％以内であれば後に愁訴を残すことも関節症変化の進行もなかった．

病巣の幅が20%　　　　50%　　　　　80%　　　　　　100%

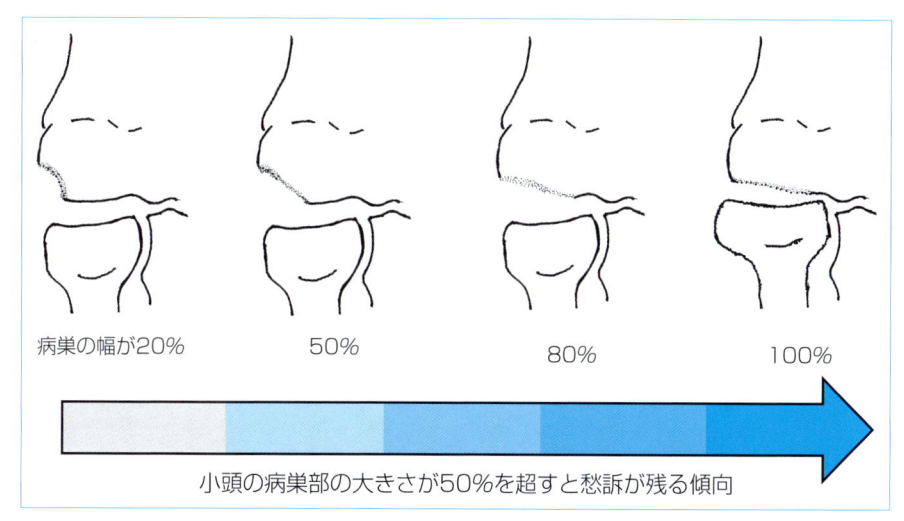

小頭の病巣部の大きさが50%を超すと愁訴が残る傾向

図V-63　郭清術の外側広範型障害への適応限界

　病巣が小頭の50%以内であれば鏡視下郭清術で十分に対応でき，14歳未満であればリモデリングも期待できる．50%を超えて80%くらいまでは症例によって結果が違ってくる．全く問題なくスポーツ活動ができる例もあれば，症例によっては関節症が進行する例もある．

　一方，50%以上では症例によって結果が異なった．何の愁訴もなく野球ができる症例から，愁訴が残りスポーツ活動だけでなく日常生活まで制限される例があった．こういった予後の違いが出た理由の一つは，病巣の拡がりを2次元画像だけでは評価できないからだと考えられる．45°屈曲位正面像で同じ80%であっても，それは内外側方向の評価であり，前後方向の評価ができていない．正確に病巣を評価するには図V-64のように3D-CTを用い，面積と拡がりから評価する必要がある．中央広範型や外側広範型で小頭の内側まで病巣が拡がっている例では，腕橈関節内側部の適合性を改善するために遊離骨軟骨柱移植などで関節面の再建をすることが勧められる．

　病巣の幅が100%で内外側，前後方向ともに破壊された症例では，橈骨頭が中枢側に突き上げ，急激に関節症変化が進行する．既に手術をする時点で関節症変化は外側だけでなく内側，前後方の関節腔全体に拡がっている．残念ながらこの進行は手術でも止めることはできない．

①外側限局型　②中央限局型　③中央広範型　④外側広範型

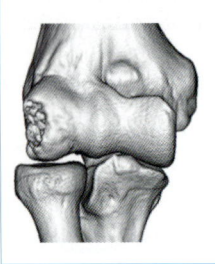

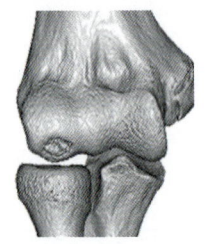

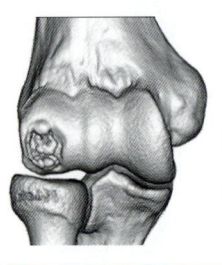

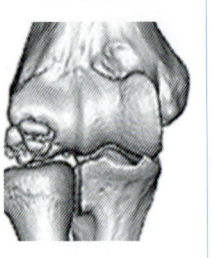

図V-64　病巣の分類　大きさと位置

　外側限局型，中央限局型，中央広範型そして外側広範型の典型的な病巣を3D-CTで示す．これは典型的な像で症例によっては病巣の形は円形，楕円形そして先細りであったりとバリエーションがある．

（資料提供：京都府立医科大学　木田圭重先生）

ここが Point!

> 病巣占拠率は術式選択や予後予測の指標となる

　この項目の詳細は書籍「肘実践講座　よくわかる野球肘　離断性骨軟骨炎」の第Ⅶ章「手術で治す―私の方法―　手術で何を治すのか，どのように治すのか―　1．手術治療　治療理念と方法」(p.170～183)をご参照ください．

第VI章
腕尺関節の障害

VI. 腕尺関節の障害

腕尺関節の骨軟骨障害と滑車の離断性骨軟骨炎

1 滑車の離断性骨軟骨炎

1．疫学と病状
　上腕骨小頭に比べて発生頻度は少ないが，滑車にも離断性骨軟骨炎は生じることがある．発生部位は小頭寄りの滑車の外側部で，時に小頭の内側縁を含んでいることもある．発生年齢は13歳前後で小頭より2年ほど遅い．症状が少ないことや自然治癒もあることから，正確な発生頻度は不明である．小頭のOCDに続発して発生することが多い傾向があり，保存療法での治癒後も1年くらいは経過観察する必要がある．

2．症状と画像検査
　症状に乏しく，違和感や肘中央部の奥深い痛みである．可動域制限は無いことが多く，内反・外反ストレスでも痛みは無いことが多い．他の症状で偶然に発見されることが多い．単純X線検査では気付かないことが多く，MPR-CTか3D-CTが有用で，経過観察もCTが良い．

3．治　療
　投球とバッティングの両方を中止して経過をみる．小頭のOCDほど徹底した安静は不要で，下骨ライン（皮質の殻）が見えたら，投球は許可してもよい．原則的に保存的対応で十分であり，慌てて手術をするべきではない．離断部が分離して遊離体になった場合は摘出術を行うが，鏡視下に十分可能で関節切開の必要はない．
　図VI-1に典型的な経過を示す．小頭のOCDがほぼ治癒した頃に滑車に発生した．5カ月ほどはどんどん骨吸収が進み陥凹が深くなったが，7カ月の時点で下骨ラインが現れた．10カ月の時点から投球を段階的に開始し，1カ月遅れてバッティングも許可した．最終的に2年で完治した．

　この項目の詳細は書籍「肘実践講座　よくわかる野球肘　離断性骨軟骨炎」の第V章「画像で見る，診る　5．離断性骨軟骨炎の特殊事例について」(p.120～124)をご参照ください．

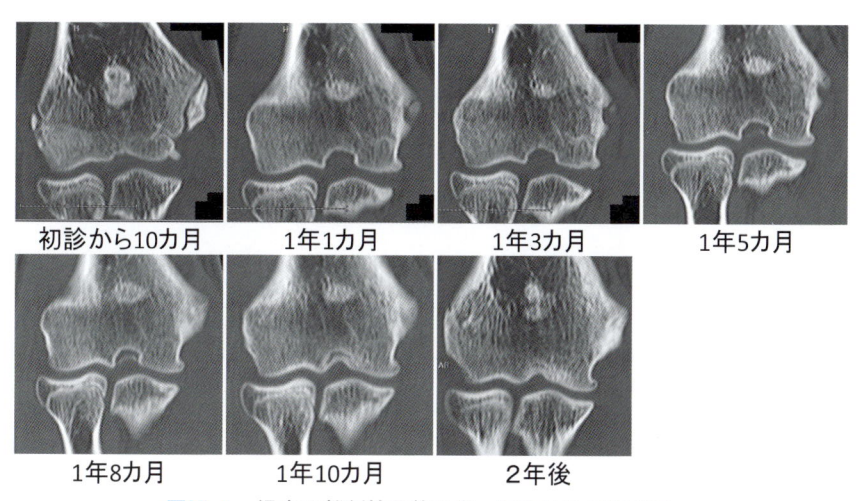

| 初診から10カ月 | 1年1カ月 | 1年3カ月 | 1年5カ月 |

| 1年8カ月 | 1年10カ月 | 2年後 |

図Ⅵ-1　滑車の離断性骨軟骨炎—発生から治癒まで—
13歳, 外野手. 上腕骨小頭の離断性骨軟骨炎で保存的加療中に発生

2 肘頭窩，滑車，滑車切痕の障害

1．病状と診断

　高校生以上の年齢で加速期から減速期にかけて肘の中から後方にかけての痛みを訴える選手がいる．単純X線検査では病変を捉えることができず，MRIで滑車や滑車切痕に異常信号をみる．MPR-CTでみると図Ⅵ-2のような病変が明らかになる．

2．成因

　成因は内側支持機構の破綻による不安定性のインピンジメントだという説もあるが，必ずしも不安定性に必発するものではない．肩関節の内旋制限や前腕の回内制限，肩甲胸郭機能不全などを合併していることも多いので，全身の身体所見をとる必要がある．

3．治療

　手術はリハビリで身体機能を改善しても痛みが残存する場合に適応する．関節内に局所麻酔剤とヒアルロン酸製剤を注入して痛みが消失する場合は郭清術の効果が期待できる．鏡視下に膨化，断裂した軟骨と壊死した海綿骨を郭清する．

22歳　投手

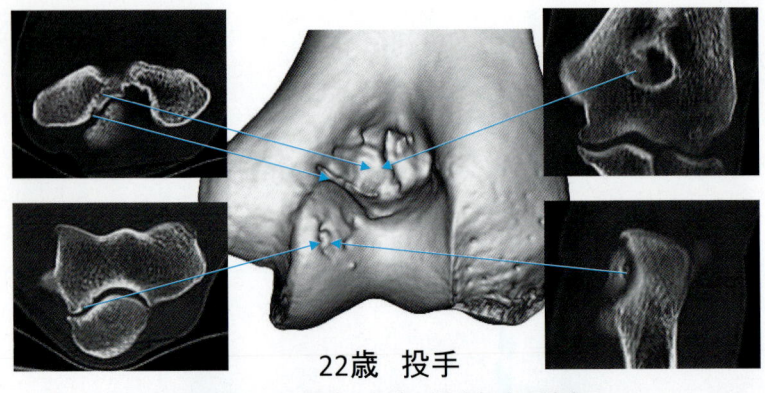

図Ⅵ-2　肘頭窩，滑車，滑車切痕の障害

滑車の内側関節面に不整がみられる．この部位の軟骨は膨化し断裂していた．また肘頭窩も凹凸不整をきたし，この部位の軟骨も膨化，断裂していた．鏡視下郭清術後，3カ月で投球再開して5カ月後に現場復帰できた．

ここが Point!

滑車や滑車切痕の障害が疑われる場合は
CT 検査を行う

第Ⅶ章

肘頭の過労性骨障害

VII. 肘頭の過労性骨障害

1. 肘頭の疲労骨折

1 肘頭疲労骨折の成因

　かつては上腕三頭筋による牽引ストレスによって生じると考えられていた．しかし上腕三頭筋の付着部は肘頭先端ではなく，むしろ骨幹部であり，力学的に疲労骨折を起こし得ない．現在考えられている成因は肘頭と肘頭窩のインピンジメントである．インピンジメントの原因となる外力として外反ストレスによる「捻れ」とドアー・ストップ・アクションによる「衝突」が挙げられる．

> **ここが Point!**
>
> 肘頭疲労骨折の原因は外反ストレスと
> ドアー・ストップ・アクション

2 肘頭疲労骨折の分類

　骨折線の走行や位置からいろいろな分類が発表されているが，山崎の提唱する横走タイプと斜走タイプがシンプルでわかりやすい．骨折線は必ず内側から外側へ向かい，関節面側から起こっている．走行は前額面では滑車切痕軸に斜めに走る斜走タイプと横に走る横走タイプがあるが，両者の境界は必ずしも明確ではない（図VII-1 前額面）．矢状面では関節面の骨硬化のみ，関節面から途中まで，関節面から反対側まで貫通するものに分けられる（図VII-1 矢状面）．矢状面の分類はタイプ（型）というよりステージ（病期）であり，硬化だけであったのが，しばらくして透亮線が現れ，何かのきっかけで貫通へと移行する．

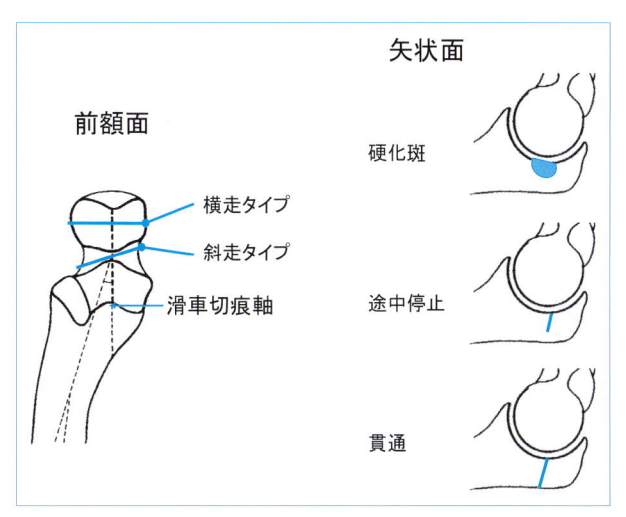

図Ⅶ-1　単純X線による肘頭疲労骨折の分類
肘頭の疲労骨折は前額面と矢状面の分類がある．

> **ここが Point!**
>
> 骨折線は内側から外側へと向かい，
> 関節面側から起こる

3 保存治療と手術治療

　硬化の少ない疲労骨折では投球中止により修復することがあるが，保存治療だけで治ることは少ない．投球を中止して2，3カ月経過をみて，修復傾向がみられない場合は手術を行った方が良い．特に広い範囲にわたり骨硬化を伴った例では難治性で保存治療の適応はなく，できるだけ早期に手術を勧めたほうがよい．
　手術の方法としては，
　1）圧迫固定スクリューによる強固な内固定
　2）テンション・バンド・ワイヤリング（緩やかな内固定）
　3）翻転自家骨移植の追加
などが主な方法である．疲労骨折の手術は外傷による新鮮骨折の内固定とは異なり，偽関節手術を行うつもりで取り組む必要がある．ドリリングのみでは不確実で，癒合が得られないことが多い．3）は病変部を含む肘頭から直方

体の骨ブロックを採取して，遠位方向と中枢方向を翻転して移植し直す方法で，骨質の改善と癒合促進の2つの効果が期待できる．テンション・バンド・ワイヤリングは緩やかな内固定で骨のしなりを生かした生物学的癒合である．圧迫固定スクリューを使う場合は骨硬化部でガイドピンを折損することがあり，ドリリングの方向に注意を要する．スクリューは1本ではなく2本，そして骨折線に3次元的に垂直となるように刺入する．さらに術後，心配な場合は超音波骨誘導装置を追加してもよい．

ここが Point!

1）スクリューは骨折線に3次元的に垂直に刺入
2）緩やかな内固定と強固な内固定がある

VII. 肘頭の過労性骨障害

2. 肘頭の骨端線障害

1 肘頭の骨化進行過程

　肘頭の骨端核は10～12歳で出現し，2つないし3つの核が融合して，骨端線を形成する．骨端線は関節面側から閉鎖が始まり，14～16歳で閉鎖して骨化が完了する．図VII-2はその過程を模式図で示したものである．肘頭の骨端核が融合して骨端線が形成され，やがて骨端線は閉鎖し始める．この時期に起こった障害が骨端線閉鎖不全（骨端線障害）である．

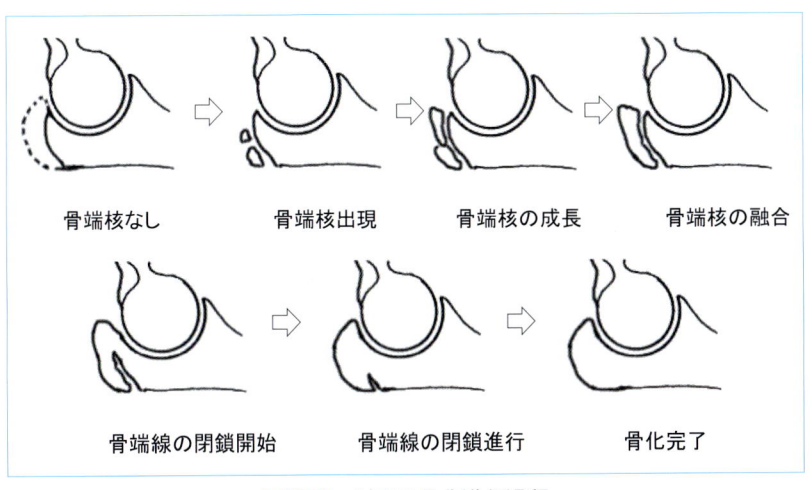

図VII-2　肘頭の骨化進行過程

ここがPoint!

肘頭には段階的な骨化進行過程がある

2 骨端線の骨化障害

通常2つ(時に3つ)の骨端核が融合して骨端と骨端線が形成される．骨端線が閉鎖する時期に投球で繰り返し外力が加わり続けると，骨化が障害されて閉鎖しなくなることがある．これが閉鎖不全(骨端線の骨化障害)である(図Ⅶ-3)．閉鎖不全には一時的に閉鎖が遅れているだけの閉鎖遅延と完全に閉鎖が停止した偽関節がある．偽関節は時に強い外力が加わると骨端が骨幹部から離開することがある(図Ⅶ-4)．

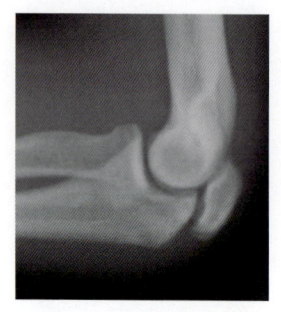

図Ⅶ-3　骨端線閉鎖不全

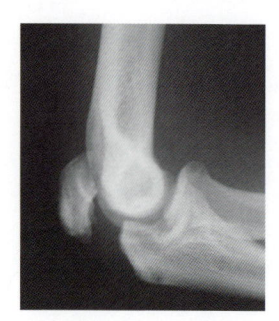

図Ⅶ-4　偽関節から骨端線離開に進展

ここが Point!

骨端線の障害には一時的な閉鎖遅延と永続的な偽関節がある

3 肘頭の疲労骨折と骨端線障害の関係

肘頭の疲労骨折も骨端線閉鎖不全も単純X線写真で肘頭体部に透亮線が見える点で共通している．また，原因となる外力も外反ストレスと伸展ストレスであり共通している．両者を骨端線との関係，骨年齢，障害の主座の3点で比較すると図Ⅶ-5のようになる．同じ外力で生じた通常の骨折と骨端線損傷を異なる病態と捉えるように，疲労骨折と骨端線閉鎖不全も別の病態と捉えるべきである．骨端線閉鎖不全は骨化進行過程で生じた骨端軟骨の骨化障害で，一方，疲労骨折は骨化完了後に生じた骨の代謝回転(破壊吸収と造成)の破綻である．両者は共通点も多いが，似て異なる病態である．

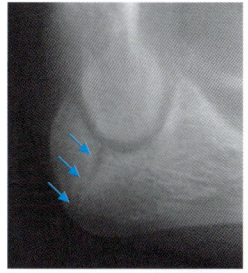

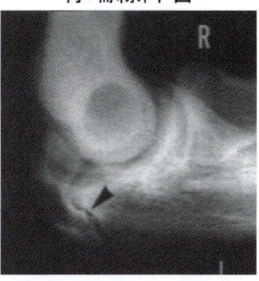

	疲労骨折	骨端線障害
骨端線	無関係	一致する
骨年齢	骨化完了後	骨化過程
障害の主座	骨	成長軟骨帯

図Ⅶ-5　肘頭の疲労骨折と骨端線障害の違い

4 閉鎖不全に対する治療

　肘頭の骨端線閉鎖不全の治療も疲労骨折の治療と共通する点が多い．しかし，疲労骨折が投球中止等の保存的対応では治癒することが稀であるのに対し，保存的対応で修復する可能性は高い．完全に骨化が停止した偽関節状態では保存的対応に反応しないが，骨化がわずかでも残っている遷延治癒では数カ月で修復する．3カ月間にわたり外反ストレスと伸展ストレスを完全に中止しても修復傾向がみられない場合は保存的対応を続ける意味はなく，手術的治療に切り替える必要がある．

　疲労骨折ではドリリングの効果は無いと述べたが，閉鎖不全では効果がみられることがある．手術で停滞している骨化を活性化するきっかけを作ればよいので，いろいろな方法が選択可能である．

　代表的な手術方法としては，
　1）スクリューによる内固定
　2）テンション・バンド・ワイヤリング
　3）翻転骨移植単独あるいは内固定の併用
　4）マルティプル・ドリリング（骨穿孔術）

がある．閉鎖不全では直方体の翻転骨移植でプレスフィットし，骨膜を再縫合するだけでも十分に閉鎖癒合する．手術の具体的なポイントは疲労骨折の項と共通するが，骨硬化が少ないために圧迫固定スクリューのような強固な

圧着は必要ない．圧迫固定スクリューでは圧着力が強過ぎて，骨癒合は得られたが，スクリュー周囲に骨壊死そして骨吸収を生じ，さらにはスクリューのマイクロムーブメントにより囊胞を形成したとの報告がある．

> **ここが Point!**
>
> 1）停滞する骨化を活性化させる
> 2）緩やかな固定でも十分に癒合する

野球ヒジ診療ハンドブック―肘の診断から治療，検診まで―
コラム

上腕骨近位骨端線障害

　肘頭の骨端線は"閉鎖不全"という形で障害されるが，上腕骨近位の骨端線は"離開"という形で障害される．一般的には上腕骨近位骨端線離開，別名「リトルリーガーズ・ショルダー」ともいわれている．"離開"は"離解"という記述になっている成書や文献もある．

1 病態について

　投球により上腕骨近位骨端線が障害されて骨端線の幅が広くなった状態で，1回の急激な外力で生じる「骨端線損傷」とは区別されている．1953年にDotterが"Little Leaguer's Shoulder"として報告したときは「骨端軟骨の骨折」と考えられていたが，近年では微少な繰り返し外力が引き金となって生じた肥大細胞層の骨化障害と考えられている．骨化障害が生じるメカニズムについては，投球動作と何らかの関連があることは明らかであるが，単純に外力だけで生じた微小損傷なのか，あるいは骨端線の栄養血管の血流障害によるものなのか，あるいはその他に要因があるかはわかっていない．また外力も捻りのストレスなのか，牽引ストレスなのか，両方なのか不明である．

　骨化障害と考えられるようになったのは診断時や治療過程のX線像の変化からである．初診時に投球時の肩痛を訴えてX線検査をしても，骨端線の幅に左右差はみられないが，1カ月後では骨端線の外側に透亮変化が現れていることがある．また修復する際には骨幹端側から綿菓子のようにぼんやりと骨化し，やがて骨端線の幅が正常化する．

2 本当に開いているのか？

　離開という言葉を使うなら骨端と骨幹端の間は開いていることになる．リトルリーガーズ・ショルダーの患者さんに対して，発症時に上腕全長のX線計測を行った結果によると，上腕長に左右差はみられなかった(柏口新二ほか：投球動作の上腕骨の成長に及ぼす影響について．日本小児整形外科学会雑誌4(1)：71-77，1994.)．骨端と骨幹端の間が物理的に離れたのではなく，「骨端線の幅が拡大している」というのが正しい表現である．骨端線は5つの軟骨細胞層からできているが，この中の予備石灰化層と石灰化層に問題があるのではな

上腕骨近位骨端線障害　135

いかと推測されている．成熟した軟骨細胞に何らかの原因で石灰化が妨げられたために，結果として骨端線が広がって見えると考えられている(図Ⅶ-6)．このメカニズムの詳細は解明されていないが，近年になって骨端線の栄養血管との関連が注目されている．外力によって血管が一時的に損傷されたり，攣縮したりして一過性に乏血状態となり，カルシウムの沈着が阻害されたのではないかと推測されている．

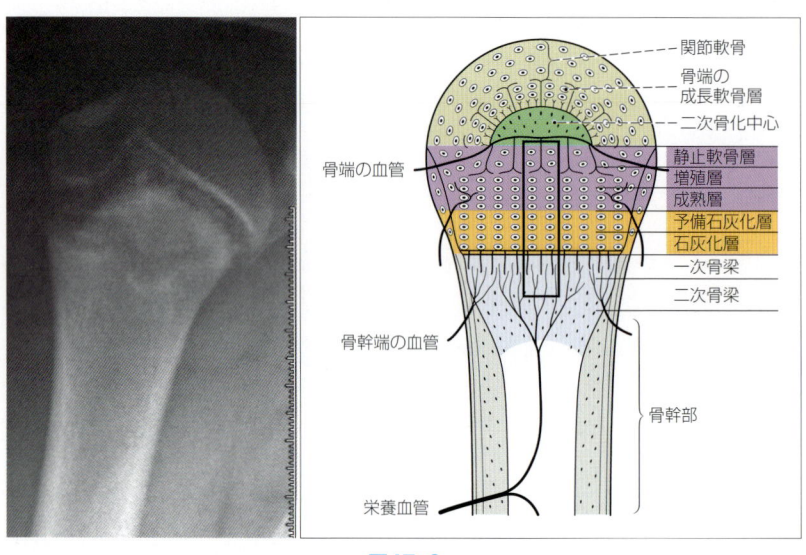

図 Ⅶ-6

(右図出典：内田淳正・監，中村利孝，松野丈夫，井樋栄二，馬場久敏・編：第2章 骨の発生，成長，維持．標準整形外科学　第11版．p.25，医学書院，2011．より引用改変)

ここが Point!

> リトルリーガーズ・ショルダーは骨端線離開ではなく，骨端線障害という表現が正しい

3 投手の腕は長くなる？

　高校生投手での調査結果によると，2, 3 mm 長い例はあったが，いずれも誤差範囲であった．一方，短い例では 5 mm 以上の左右差があり，最高で 30 mm の上腕骨の短縮がみられた(図Ⅶ-7)．

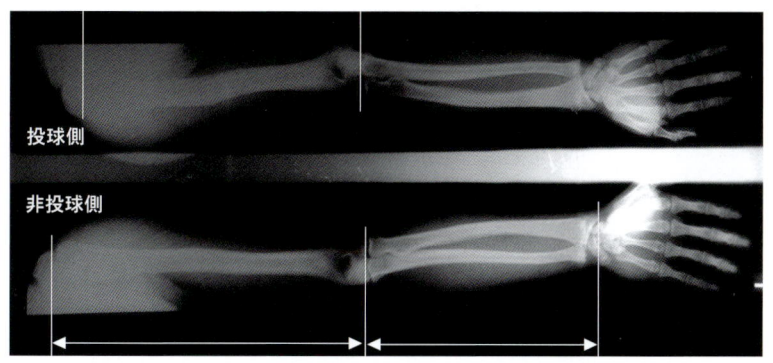

上腕骨長差：3 cm　　　15歳，投手．12歳時に上腕骨近位骨端線障害

図 Ⅶ-7　上腕骨近位骨端線障害後の成長障害

4 上腕骨近位骨端線障害の病期と治療

　骨端線損傷に対してはソルターハリスの分類があるが，リトルリーガーズ・ショルダーは外傷ではないためこの分類を適応することは適切ではない．図Ⅶ-8は単純X線正面像による病期分類で，Stage Ⅰは外側のみの透亮化で骨端線の外側だけが開いてみえる．Stage Ⅱは透亮化が内側にまで及び，骨端線全体が開いてみえる．Stage Ⅲは上腕骨頭の骨端が内下方に辷ってしまったものである．Stage ⅠとⅡは肥大細胞層（成熟層，予備石灰化層，石灰化層）の骨化障害で，安静により治癒する可逆的な段階である．痛みをこらえて投げ続けたり，障害を何度も繰り返したりしているうちに肥大細胞層で構造的な破壊が生じて，骨端が辷ってしまう．これがStage Ⅲで，大腿骨頭辷

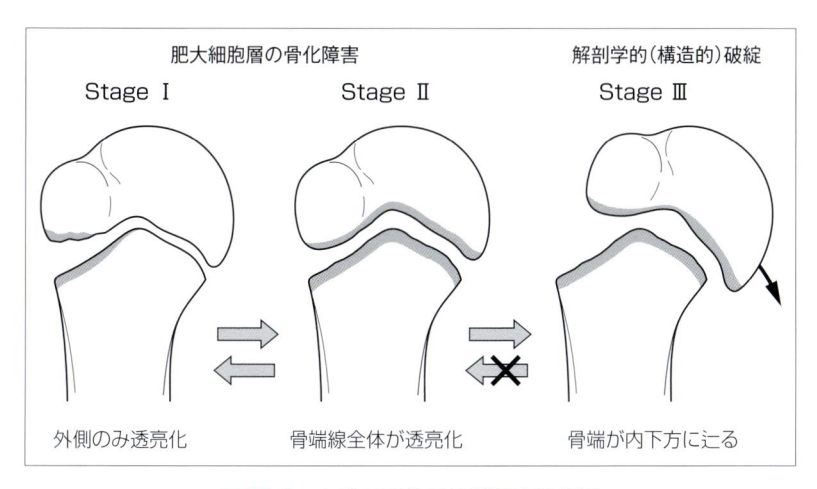

肥大細胞層の骨化障害　　　解剖学的（構造的）破綻
Stage Ⅰ　　　Stage Ⅱ　　　Stage Ⅲ
外側のみ透亮化　　骨端線全体が透亮化　　骨端が内下方に辷る

図 Ⅶ-8　上腕骨近位骨端線障害の病期

り症と同じである．Stage ⅢからⅡへ戻ることはできず，骨端線は閉鎖し上腕骨の長軸方向の成長が停止してしまう．上腕骨の短縮は Stage Ⅲに至り，長軸方向の成長が停止した結果と考えられる．

　治療は投球中止で，痛みがなければ捕球やバッティングは行ってもよい．投球中止の期間は単純 X 線像で左右差が無くなるまでの期間とすべきである．安静を守ると 1 カ月もすると肩の痛みはなくなるため選手は投げたがるが，ここで復帰すると障害は進行して治癒が遅れる．典型的な回復例を図Ⅶ-9 に示した．左右差がなくなり，投球再開後も 1, 2 カ月は X 線で経過を追うことを勧める．この障害は治癒しやすいが，再発もしやすいからである．

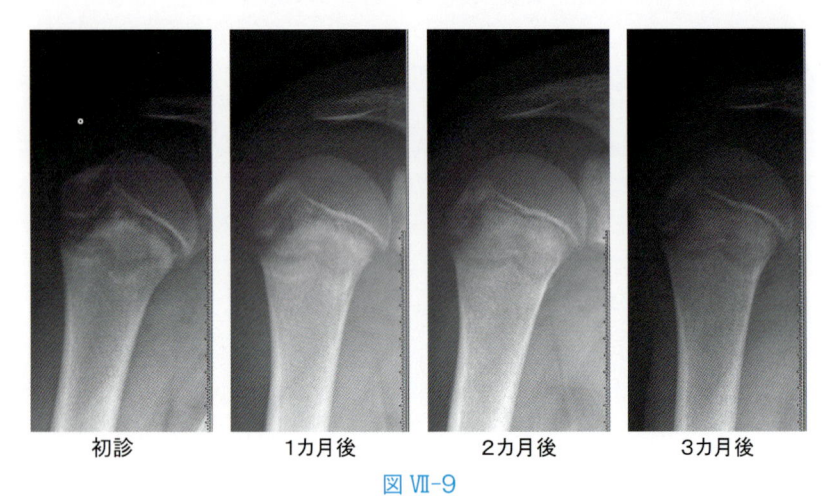

初診　　　　　1カ月後　　　　　2カ月後　　　　　3カ月後

図 Ⅶ-9

　12 歳，投手．投球時の右肩から上腕にかけての痛みで来院した．痛みが出て既に 1 カ月以上経過しており，骨端線は外側から内側まで拡大し Stage Ⅱ の段階になっていた．投球を中止して経過をみていると，1 カ月後には疼痛は消失し，内側から肥大細胞層の骨化が回復してきた．2 カ月後には内側は正常化し，外側に一部透亮像が残っていた．3 カ月で骨端線は正常化して，投球を再開した．

ワンポイントアドバイス

　12 歳前後の子どもが投球時の肩痛を訴えた時は，最初に疑うべき疾患である．診断は単純 X 線写真で両側を比較すること，初診時の画像所見で異常が発見できなくても，疑った時は 1 カ月後に再検査することが大切である．子どもの障害は早期には所見が少ないことを念頭に置く必要がある．

VII. 肘頭の過労性骨障害

3. 肘頭先端部の骨軟骨障害

1 肘頭先端部の骨軟骨障害

単純X線側面像で肘頭先端部に離断像を伴う骨軟骨障害がある．大きさは長径が2mm前後から15mmを超えるものまで様々である．なかには後方関節腔に遊離体を伴う場合もある．外反ストレスや伸展ストレスが原因で肘頭と肘頭窩，滑車切痕と滑車がインピンジした結果生じたと考えられるが，詳細な病態はわかっていない．大きさから長径10mm未満のTip fracture typeと10mm以上のDissecans typeに分けることができる（図VII-10）．両者の発生時期は骨化過程と関係があると考えられる．

Tip fracture type
長径10mm未満
骨端線閉鎖直前から以後に発生

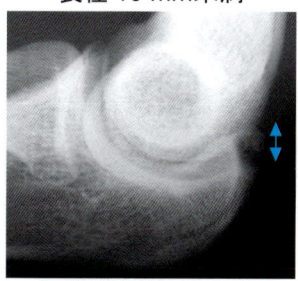

Dissecans type
長径10mm以上
骨端線閉鎖前から発生？
遊離体の合併が多い

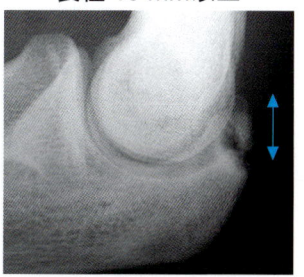

図VII-10

ここが Point!

肘頭先端部の障害にはTip fracture typeとDissecans typeがある

2 Tip fracture type の骨軟骨障害

　このタイプの障害を起こす肘頭は伸展位正面像で内側に偏った凸型をしている傾向がある．凸の先端は骨棘様になっていることが多く，骨棘の疲労骨折のようにも離断性骨軟骨炎のようにも見える．単純X線の側面像を左右比較すると診断できることが多いが，CTの矢状面や前額面の再構成画像を見て初めて診断できることも少なくない（図Ⅶ-11）．最大伸展ストレスや外反ストレスで内後方に痛みがある時，あるいは肘頭の内後方に圧痛がある場合はCT検査を追加して障害の有無を確認する必要がある．

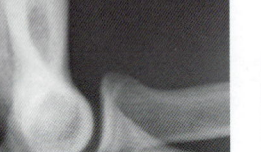

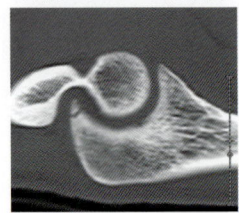

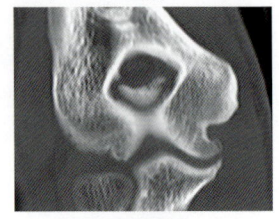

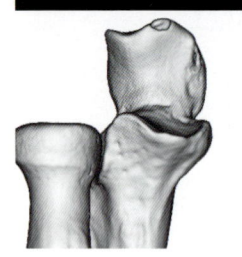

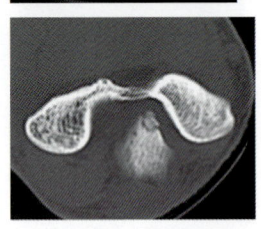

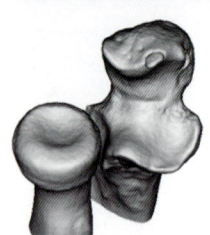

図Ⅶ-11　Tip fracture type の肘頭先端障害

　この障害が発生するのは肘頭の骨化過程で骨端線が閉鎖し始める頃から骨化完了後で，どちらかというと完了後の障害といえる（図Ⅶ-12）．骨化完了後に発生したと思われる症例は離断骨軟骨片が小さく，骨棘骨折のようにも見える．

◆ **Tip fracture type の発生時期**

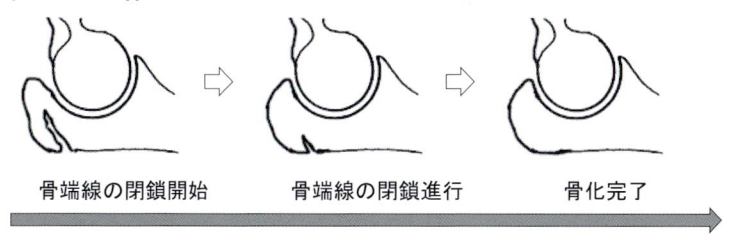

骨端線の閉鎖開始 　骨端線の閉鎖進行 　骨化完了

図Ⅶ-12　Tip fracture type は肘頭先端の骨化が完了してから生じる

3 Dissecans type の骨軟骨障害

　このタイプの障害を起こす肘頭は全体に丸くドーム状になっていることが多い．時に後方関節腔に遊離体を伴うこともある．特徴的な症状は伸展制限と最大伸展時の痛みである．中学生頃から症状を自覚するが，痛みは自制内で，長年プレーして関節症変化が進んでから受診するケースが多い．診断は単純X線で容易にできるが，詳細な病態把握にはCTが必要である（図Ⅶ-13）．

22歳　投手
中学生より加速期から
フォロースルーで痛み
ROM：−25°／120°

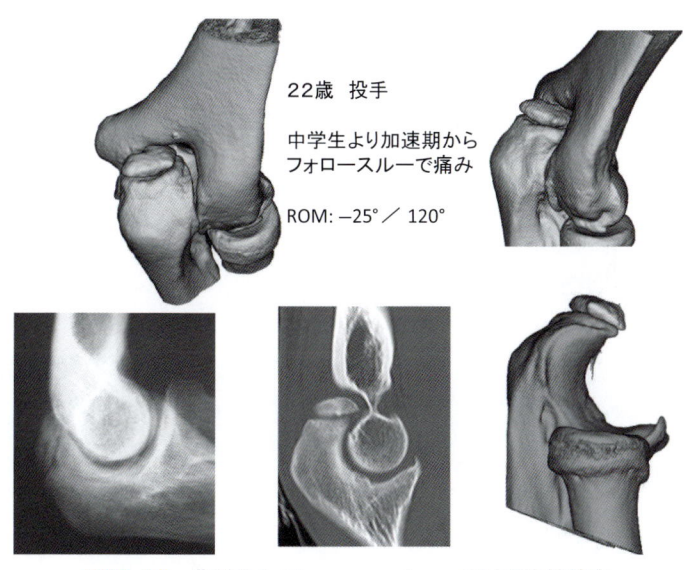

図Ⅶ-13　典型的な Dissecans type の肘頭先端障害

　この障害が発生するのは肘頭の骨化過程で肘頭先端部に上方の骨端核が出現して成長し，下方の骨端核と癒合する頃と推測される（図Ⅶ-14）．離断骨軟骨片も大きく，骨端全体が骨化障害や形成不全を起こした後の遺残と考えられる．

◆ **Dissecans type の発生時期**

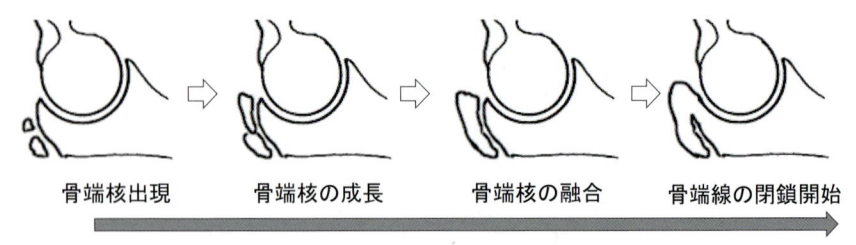

骨端核出現 → 骨端核の成長 → 骨端核の融合 → 骨端線の閉鎖開始

図Ⅶ-14　骨化進行過程と障害発生時期の関係

ここが **Point!**

> **Tip fracture type と Dissecans type は
> 骨化過程の異なる時期に発生する**

4 治　療

　手術的な治療ではどちらのタイプの障害にも離断骨軟骨片の摘出と増生した滑膜や瘢痕組織の郭清を行う．技術の向上と周辺機器の進歩，特に高周波焼灼・凝固装置の導入により，dissecans type の大きな骨軟骨片であっても切開しなくても摘出可能となった．また内側支持機構の破綻を伴い不安定性が強い例は内側支持機構の再建を同時に行うこともある．

　他の部位の骨軟骨障害と同じように発生間もない症例では保存的対応で治癒する．Tip fracture type の症例でも投球中止で離断部が修復・癒合を得ることができる（図Ⅶ-15）．

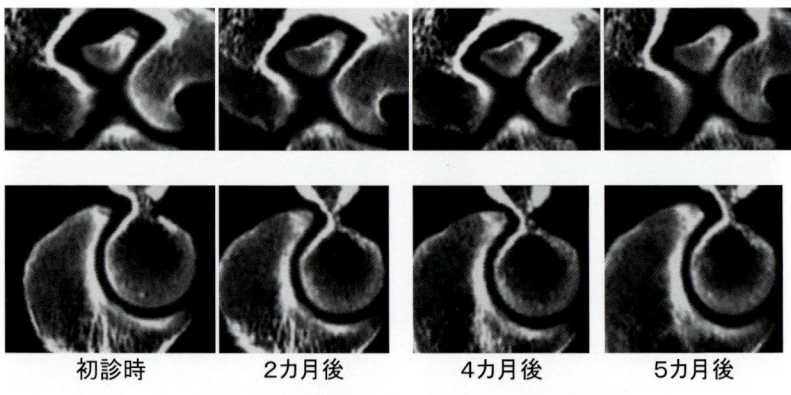

初診時　　　2カ月後　　　4カ月後　　　5カ月後

図Ⅶ-15　Tip fracture type の治癒過程

また dissecans type でも早期に発見された例では安静により障害されていた骨端軟骨の骨化が回復する(図Ⅶ-16).

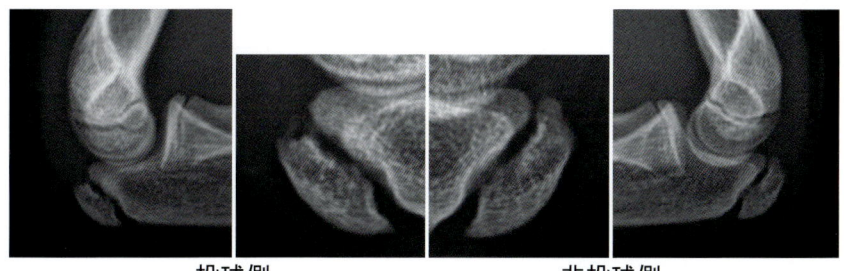

a：13歳，投手．投球時の後方痛で来院．投球側の肘頭の骨化が遅れている．

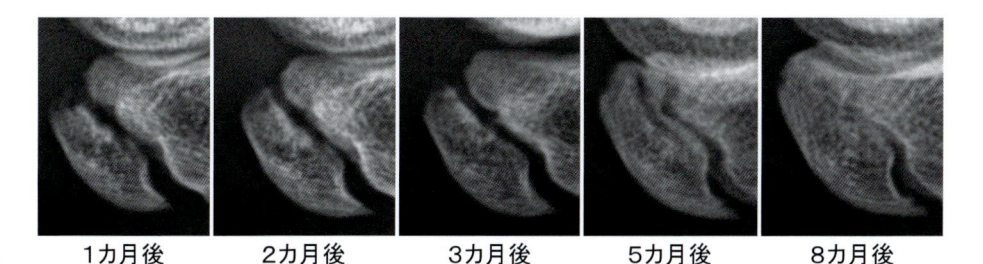

b：投球を中止して観察すると骨化の遅れていた部分は修復した．

図Ⅶ-16

ここが Point!

1）早期に発見，対応すれば保存的にも治癒する
2）慢性例には鏡視下に郭清する

3．肘頭先端部の骨軟骨障害

VII. 肘頭の過労性骨障害

4. 肘頭の難治性疲労骨折

1 難治性の疲労骨折の特徴

　肘頭の疲労骨折は修復しなかったり，修復しても再発したりすることがある．そういった症例にはいくつかの共通する特徴がある．
　単純X線像では，
　　1）関節面側に広範な骨硬化部
　　2）横走タイプの骨折線
　　3）側面像で骨折線が途中で停止
肩や肘の身体所見では，
　　4）肩関節の内旋制限
　　5）前腕の回内制限
図VII-17に代表的な症例を提示する．

＊保存的に骨癒合、復帰直後に完全骨折

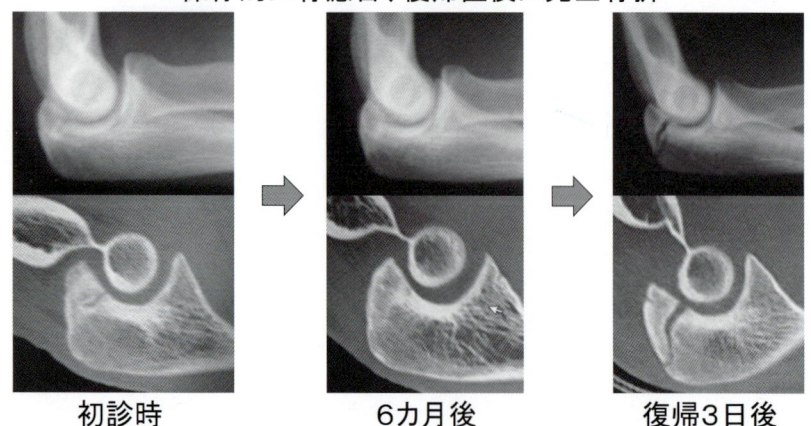

図VII-17

　この症例では，保存的対応で骨折線は消えて治癒したように見えたが，骨硬化部が残存し骨質の改善が不十分であった．投球再開で硬化部と健常部の境界にストレスが集中し亀裂が入り，一気に貫通した．

> ここが **Point!**
>
> 骨硬化が強く，骨折線が貫通しないタイプは難治性

2 難治性になる要因と対策

1. 修復方法や状態についての問題と対策
   - 内固定法

     骨硬化を伴い，骨折線が途中で停止している例にはテンションバンド固定のような"緩やかな固定"より，骨折部に"適度の圧着力が加わる固定"が良い．
   - 内固定材の選択と刺入方向

     通常のスクリューより圧迫固定スクリューなどの圧着力が加わるスクリューを骨折線に対して前額面と矢状面の両方で垂直に刺入する（図Ⅶ-18）．

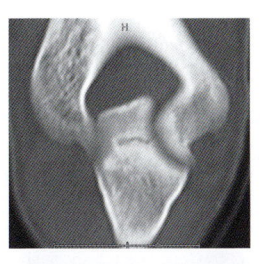

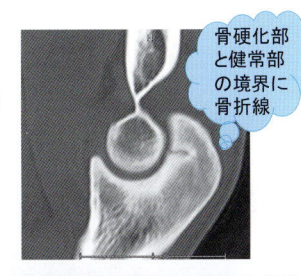

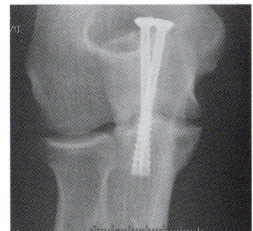

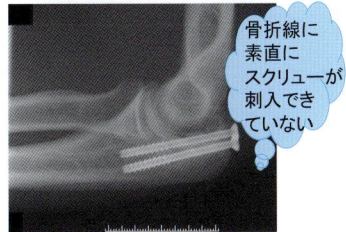

図Ⅶ-18

17歳 野球 内野手

骨硬化部と健常部の境界に骨折線

骨折線に素直にスクリューが刺入できていない

手術をするも偽関節となった例で，圧着力の弱いスクリューを使用し，しかも骨折線に対して垂直に刺入されていない．骨折線は骨硬化部と健常部の境界にあるにもかかわらず，骨移植による骨質の改善を図っていない．

● **圧着力の問題**

圧迫固定スクリューについては圧迫力が強すぎて，骨梁を破壊して周囲の骨吸収をきたすとの報告もある．適度な圧着力をもつ新たなスクリューの開発が望まれる．

● **骨硬化部の残存**

骨硬化部と健常部はヤング率が異なり，境界部にメカニカルストレスが集中する．そのために肘頭を開窓して硬化部に健常な海綿骨を移植して骨質を改善する(図Ⅶ-19)．

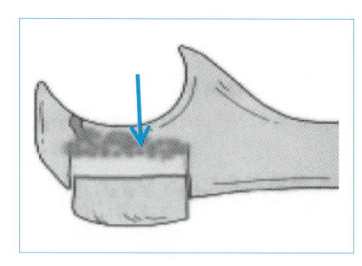

図Ⅶ-19

骨硬化した壊死骨を除去し，健常な海綿骨(矢印)を移植して骨質を改善させる．

● **内固定材による影響**

ストレスシールディングによるためかマイクロムーブメントによるものか，スクリューヘッドの接触部に骨萎縮がみられることがある(図Ⅶ-20)．圧迫固定スクリューやハーバート・スクリューのような圧迫固定のできる内固定材を選択する．

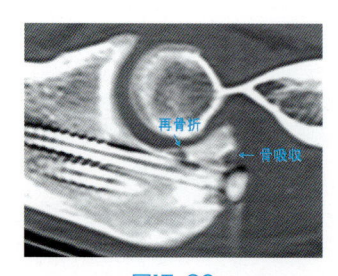

図Ⅶ-20

2. 身体機能や動作の問題と対策

　肩関節の内旋制限と前腕の回内制限があると，減速期に肘がロックされて肘頭が肘頭窩に強くインピンジされる．その結果，偽関節になったり骨折を再発したりする．肩甲胸郭機能を改善して肩甲上腕関節への負担を軽減させる．

　また，加速期後期から減速期にかけての肘の伸展と回内の連動が不自然な選手にも起こりやすく，投球イメージを変える必要がある．

Check!

- ✓ 骨硬化部の除去と骨移植
- ✓ 強固な圧着力のある内固定材
- ✓ 内固定材を3次元的に骨折線に垂直に刺入
- ✓ 肩甲胸郭機能の改善（柔軟性改善と支持性向上）
- ✓ 時に投球イメージの変換

ここが Point!

> 治療には術式の選択と確実な手技，骨質の改善，さらに身体機能の改善と投球動作への介入が必要

索　引

和　文

▶あ
遺残期　64, 65, 66
一次検診　69, 70
横断像　91, 92

▶か
外傷　25
外側限局型　117, 119, 122
外側広範型　117, 122
外側の壁　114, 115
外的要因　62
改変期　64
隔絶期　34
下骨表層の殻　64, 65, 73, 106, 107, 108
下骨表層のライン（軟骨下骨ライン）　64, 83, 85, 86, 87, 108
過労性骨障害　128
冠状断像　91, 92
関節面の再建術　114, 116
吸収期　64
胸郭出口症候群　57
鏡視下郭清術　113
楔状骨切り術　116
検診　67, 89
健診　89
骨穿孔術　133
骨端線離開　53
骨端線障害　131, 133, 135

骨軟骨障害　4, 5, 139
骨梁構造　104, 105, 110, 111
固定術　114

▶さ
30°外旋斜位像　72, 74
矢状断像　91, 92
脂肪抑制T2強調像　90, 91
尺骨鉤状結節　38, 44
尺骨神経障害　55
障害　25
上腕骨小頭　102
上腕骨小頭障害　105
増悪因子　62, 99
巣外期　63, 64
巣内期　63, 64

▶た
ダイナミック・エコー検査　41
ダブルライン　72
中央限局型　117, 122
中央広範型　117, 122
肘頭　128, 131, 144
肘頭先端部　139
T2*強調像　91
ドアー・ストップ・アクション　128
橈骨頭転位型　118
橈尺関節　10, 11
透亮外側期　63, 64
透亮期　34, 63, 64, 67, 94, 106
透亮中央期　63, 64

ドリリング　112, 117

▶な

内側骨端複合体　28, 52, 53
内側支持機構　12, 38
内側支持機構障害　38
内側上顆障害　28, 33, 106
内側側副靱帯　12, 38, 48
内側の適合性　114
内的要因　62
軟骨下骨板　64, 77, 78, 88, 91, 107
難治性疲労骨折　144
二次検診　69, 70

▶は

剥離損傷　44, 46
発生因子　62
翻転自家骨移植　129
パンナー病　104
病期分類　84
疲労骨折　128, 132, 133
プロトン強調像　90, 91, 92
分界層　65, 83, 86, 87, 98, 112
分離期　63, 67, 95
分離後期　63, 64
分離前期　63
閉鎖遅延　54, 132

▶ま

メディカルチェック　89

▶や

野球肘　2
野球肘検診　67, 71
遊離期　63, 67, 112
遊離骨軟骨柱移植　114
遊離体摘出（術）　119
45°屈曲位正面像　28, 29, 63, 72, 73, 74

▶ら

LIPUS療法　111
離断性骨軟骨炎　60, 67, 72, 99, 124
リモデリング　119
裂離期　34
裂離損傷　41
肋骨肋軟骨移植　115

▶わ

腕尺関節　10, 124
腕橈関節　10, 11

欧　文

▶D

dissecans type　139, 141

▶T

tangential view　63, 72
tip fracture type　139, 140

引用文献

第Ⅰ章

1）柏口新二：成長期と成人期での障害の違いと多様性．Ⅰ章　野球肘をどう捉え，分類するか．岩瀬毅信，柏口新二，松浦哲也・編．肘実践講座　よくわかる野球肘　離断性骨軟骨炎．p.2〜8．全日本病院出版会，2013．

第Ⅲ章

2）松浦哲也：2．保存的対応の実際．Ⅵ章　保存的に治す―無刀流の治療　その極意について―．岩瀬毅信，柏口新二，松浦哲也・編．肘実践講座　よくわかる野球肘　離断性骨軟骨炎．p.145〜155．全日本病院出版会，2013．

3）松浦哲也：検診の意義と具体的方法．Ⅷ章　少年の肘を未然に守る―予防と検診―　究極の治療は予防にある．岩瀬毅信，柏口新二，松浦哲也・編．肘実践講座　よくわかる野球肘　離断性骨軟骨炎．p.236〜248．全日本病院出版会，2013．

第Ⅴ章

4）松浦哲也：いつ，どうして発生するのか．Ⅳ章　成因と病態について．岩瀬毅信，柏口新二，松浦哲也・編．肘実践講座　よくわかる野球肘　離断性骨軟骨炎．p.42〜52．全日本病院出版会，2013．

5）木田圭重：病期の分類，病期の捉え方．Ⅲ章　病期と臨床症状，理学所見を知る．岩瀬毅信，柏口新二，松浦哲也・編．肘実践講座　よくわかる野球肘　離断性骨軟骨炎．p.24〜37．全日本病院出版会，2013．

6）松浦哲也：検診の意義と具体的方法．Ⅷ章　少年の肘を未然に守る―予防と検診―　究極の治療は予防にある．岩瀬毅信，柏口新二，松浦哲也・編．肘実践講座　よくわかる野球肘　離断性骨軟骨炎．p.236〜248．全日本病院出版会，2013．

7）松浦哲也：2．単純X線，CTの意義と実際．Ⅴ章　画像で見る，診る．岩瀬毅信，柏口新二，松浦哲也・編．肘実践講座　よくわかる野球肘　離断性骨軟骨炎．p.62〜74．全日本病院出版会，2013．

8）石崎一穂：4．エコー検査の意義と実際．Ⅴ章　画像で見る，診る．岩瀬毅信，柏口新二，松浦哲也・編．肘実践講座　よくわかる野球肘　離断性骨軟骨炎．p.93〜117．全日本病院出版会，2013．

9）森原　徹，伊藤博敏：3．MRIの意義と実際．Ⅴ章　画像で見る，診る．岩瀬毅信，柏口新二，松浦哲也・編．肘実践講座　よくわかる野球肘　離断性骨軟骨炎．p.75〜92．全日本病院出版会，2013．

10）柏口新二：1．保存的対応　治療理念と方法．Ⅵ章　保存的に治す―無刀流の治療　その極意について―．岩瀬毅信，柏口新二，松浦哲也・編．肘実践講座　よくわかる野球肘　離断性骨軟骨炎．p.126〜142．全日本病院出版会，2013．

11）松浦哲也：2．保存的対応の実際．Ⅵ章　保存的に治す―無刀流の治療　その極意について―．岩瀬毅信，柏口新二，松浦哲也・編．肘実践講座　よくわかる野球肘　離断性骨軟骨炎．p.145〜155．全日本病院出版会，2013．

12）高松　晃：5. 骨端線閉鎖期における母床の鏡視下郭清術．Ⅶ章　手術で治す―私の方法―　手術で何を治すのか，どのように治すのか．岩瀬毅信，柏口新二，松浦哲也・編．肘実践講座　よくわかる野球肘　離断性骨軟骨炎．p.217～226．全日本病院出版会，2013．

13）米川正悟，渡邊幹彦：2. 遊離骨軟骨移植　骨軟骨柱移植　上腕骨小頭離断性骨軟骨炎に対する手術療法―Mosaicplasty―．Ⅶ章　手術で治す―私の方法―　手術で何を治すのか，どのように治すのか．岩瀬毅信，柏口新二，松浦哲也・編．肘実践講座　よくわかる野球肘　離断性骨軟骨炎．p.184～192．全日本病院出版会，2013．

14）佐藤和毅：3. 遊離骨軟骨移植　肋骨肋軟骨移植　上腕骨小頭離断性骨軟骨炎進行例に対する肋骨肋軟骨移植術による関節形成術．Ⅶ章　手術で治す―私の方法―　手術で何を治すのか，どのように治すのか．岩瀬毅信，柏口新二，松浦哲也・編．肘実践講座　よくわかる野球肘　離断性骨軟骨炎．p.196～202．全日本病院出版会，2013．

15）森谷浩治，吉津孝衛：4. 上腕骨外側顆楔状骨切り術．Ⅶ章　手術で治す―私の方法―　手術で何を治すのか，どのように治すのか．岩瀬毅信，柏口新二，松浦哲也・編．肘実践講座　よくわかる野球肘　離断性骨軟骨炎．p.206～213．全日本病院出版会，2013．

16）柏口新二：1. 手術治療　治療理念と方法．Ⅶ章　手術で治す―私の方法―　手術で何を治すのか，どのように治すのか．岩瀬毅信，柏口新二，松浦哲也・編．肘実践講座　よくわかる野球肘　離断性骨軟骨炎．p.170～183．全日本病院出版会，2013．

17）柏口新二：6. 術者の憂鬱　難治例と合併症．Ⅶ章　手術で治す―私の方法―　手術で何を治すのか，どのように治すのか．岩瀬毅信，柏口新二，松浦哲也・編．肘実践講座　よくわかる野球肘　離断性骨軟骨炎．p.227～234．全日本病院出版会，2013．

第Ⅵ章

18）柏口新二：5. 離断性骨軟骨炎の特殊事例について．Ⅴ章　画像で見る，診る．岩瀬毅信，柏口新二，松浦哲也・編．肘実践講座　よくわかる野球肘　離断性骨軟骨炎．p.120～124．全日本病院出版会，2013．

野球ヒジ診療ハンドブック
―肘の診断から治療,検診まで―

2014年9月15日　第1版第1刷発行(検印省略)

編　者　　柏　口　新　二
　　　　　岡　田　知佐子

発行者　　末　定　広　光

発行所　　株式会社　全日本病院出版会
　　　　　東京都文京区本郷3丁目16番4号7階
　　　　　郵便番号 113-0033　電話 (03) 5689-5989
　　　　　　　　　　　　　　　FAX (03) 5689-8030
　　　　　郵便振替口座　00160-9-58753
　　　　　印刷・製本　三報社印刷株式会社

ⒸZEN-NIHONBYOIN SHUPPAN KAI, 2014.

・本書に掲載する著作物の複製権・翻訳権・上映権・譲渡権・公衆送信権
　(送信可能化権を含む)は株式会社全日本病院出版会が保有します．
・JCOPY ＜(社)出版者著作権管理機構　委託出版物＞
　本書の無断複写は著作権法上での例外を除き禁じられています．複写さ
　れる場合は，そのつど事前に，(社)出版者著作権管理機構(電話 03-
　3513-6969, FAX03-3513-6979, e-mail：info@jcopy.or.jp)の許諾を得て
　ください．
　本書をスキャン，デジタルデータ化することは複製に当たり，著作権法
　上の例外を除き違法です．代行業者等の第三者に依頼して同行為をする
　ことも認められておりません．

定価はカバーに表示してあります．
ISBN 978-4-86519-204-9　C3047